JN104726

まずベーシック 100 語から

新井　等　著

大阪教育図書

はじめに

2010 年から 2022 年まで室勝先生の『基礎単語の使い方』を使った授業を大人の教室 2 カ所でしました。この本はベーシック・イングリッシュ 850 語の中核 100 語についてその意味の広がりをそれぞれ 2 ページで解説しています。*English through Pictures, Book 3* および *Basic Reading Books* の授業と並行だったので終えるのに 10 年以上かかりました。生徒さんの知識を超えている部分が多いので毎回以下のようにやりました。

> *English through Pictures, Books 1,2* で習ったことをもとにその日扱う語についてライブで実習をする→ページの内容と重なる絵で確認する→ページを読む→ワークシートをやる

このワークシートをまとめたものが本書です。

『基礎単語の使い方』は学習者必読の名著ですが欠点もあります。まず（例文集では避けられないことですが）、解説が必要なことが解説なしでしばしば無造作に例文に使われています。また（特に本の後半で）、長くて複雑なしかも比喩的に非常に広がった用法を含む例文が頻出します。例えば 76 instrument の項に He was an instrument in the exchange of opinions between the two groups. という例文が、83 hope の項には It is cruel to give him a false hope of getting back the use of his eyes. という例文が出てきます。この場合 an instrument in the exchange は「媒介者」、a false hope は「空だのみ」ですが、ここまで心得る必要があるのでしょうか。exchange, cruel も普通の人にはなじみのないことばです。

そこで、このワークシート集ではページの高度な部分はあきらめ、一般の人にも必要なことだけを選んでふくらませました。なじみのないことばはなるべく避けました。1 日 2 枚、50 日で完成です。100 語のおよその意味の形が頭に入ります。辞書はいりません。例文の配列はオグデンの *Basic by Examples* に示された意味の広がりを基準にし、さらに *The Basic Words* と *The General Basic English Dictionary* も参考にしました。各ワークシートの頭にその語のイメージを一語で示しました。後藤 寛先生が『道具としてのベーシック英語教本』でしておられることをまねして自分なりにつけたものです。なお、『基礎単語の使い方』（『基礎単語１００の表現』も同じ内容）は現在、手に入りにくいで

すが、読んでからワークシートに取り組むことをおすすめします。

ベーシック・イングリッシュは限られたものに集中して大きな自由を獲得するシステムです。例えて言えば見晴らしのいい小山に登るようなものです。頂上に立つと今まで得体の知れなかった英語の仕組みが手に取るように見えてきます。ベーシックに関心はあるけれど何から勉強したらいいかわからない、解説書が自分には難しすぎるという方はこの本といっしょに登り始めましょう。

なお、この本の出版にあたり、大阪教育図書株式会社社長の横山哲彌氏と編集担当の土谷美知子氏にたいへんお世話になりました。

2023 年 3 月

目　次

ベーシック・イングリッシュについて

ベーシック・イングリッシュはイギリスのC. K. Ogdenが1929年に発表したたいへん小さな英語のシステムです。わずか850語で構成されています。この本の見返しについた語表を開くと小ささがわかります。壁に貼って1日10分ながめていれば数週間で何が入っているか覚えてしまいます。実は語表以外に *International words* として補助的に使える50語が選ばれていますが、これはbank, bar, coffee, passport, police, restaurantなど日常語なので記憶の負担になりません。

語表にはbuy, chair, city, desk, car, hotなど、まさかと思う語があれもこれもと入っていません。でもだいじょうぶです。850語ですべてのことが言い表せるようにことばが選ばれルールが定められているのです。

1）850語にはどんなことばが入っているか

練習問題①〜④をやりながら考えていきましょう。（解答は7ページに）

① それぞれの組み合わせのどちらが850語に入っているでしょうか。

seat … chair　　home … house　　difficult … hard　　great … big

below … under　　step … stair　　shop … store

形がどうであれ座れるものはすべてseatですし、seated, seatingのようにも使えます。houseは「建物、議会、商店、会社」の意味もあります。hardは「つらい、きびしい」にもなります。greatは心の大きさにも使えます。belowはほぼ「…より下」ですが、underは「保護・管理されている」ことも表します。stairは「階段」に限定されます。shopはほぼ「店、買い物」ですがstoreには「蓄え、備え」というだいじな意味があります。

850語には一般に使用頻度の高い語ではなくて、意味の幅の広い有用度の高いことばが選ばれています。

② 次の各語は850語に入っていません。ベーシックでいいかえましょう。

dictionary → (w　　b　　)　　kitchen → (c　　-r　　)

city → (g　　)(t　　)　　storm → (r　　)(w　　)

purse → (m　-b　)　　pride (s　-r　)

850 語にはことばの意味を分解して言い換えるのに便利なことばが選ばれています。少ないことばでやりくりできるようになっています。

③ すべてベーシック・ワーズです。対立することばを書いてください。

thick … (t　)　　quiet … (l　)　　sweet … (b　)　　kind … (c　)

love … (h　)　　pleasure … (p　)　teaching … (l　)

厚い本と薄い本を並べて thick / thin を教えれば一目瞭然ですし記憶に残ります。対立することばをいっしょに習えば比喩的に広がった使い方も（例：loud/quiet color, sweet/bitter memory）すぐにわかります。850 語には対立することばがセットで入っています。

④ 人や動物の体の一部、または植物の部分の名前を入れてください。

the (m　) of a river　河口　　the (s　) of a pipe　パイプの柄

the (f　) of a page　ページの下　　the (h　) of a clock　針

a (c　) of drawers　タンス　　the (t　) of a shirt　シャツのすそ

the (s　) of a tomato　皮　　the (w　) of a stage　舞台のそで

the (f　) of hard work　努力の賜物　　gold (l　)　金箔

I have my (r　) in Sado.　故郷は佐渡です。

あるものが他のものに似ていることに人はすぐ気がつきます。850 語には例えばこの人体・生物のパーツ名のように比喩的に広がりやすいことばがたくさん入っています。

2）850 語の分類　―　動詞がない

語表を開いてみてください。ベーシック 850 語は Operations 100 語、Things 600 語、Qualities 150 語にわかれています。Operations は a, the, in, on, will, at, of, He, who, till など英語の骨組みを作る「機能語」にあたることばです。Things はものごとの名前です。「名詞」に相当します。そのうち 200 Pictured という小分類に簡単な絵で表せる語がまとめられています。Qualities はものごとの性質を表す「形容詞」にあたることばです。ベーシック 850 語にはなんと「動詞」にあたる分類がありません。Qualities の 50 Opposites の下に No 'Verbs' とあって It is possible to ……….. because there are no 'verbs' in Basic English. と書いてあります。動詞がないなんてそんなことがありえるでしょうか。ベーシック 3 分類のそれぞれを見ながら考えていきましょう。

3）ベーシックの Operations

Operations のはじめの 16 語は seem を除きいわゆる不規則動詞です。なぜ、前置詞、副詞、限定詞、接続詞などといっしょに Operations に分類されているのでしょうか。それはこの 16 語が以下の点で他の機能語に似ているからです。

・どれも 1 音節で短い。

・どれも基礎動作語（人の単純な動作を表す語）で（seem 以外）、意味の幅がたいへん広く、文脈への依存度が高い。一般動詞のように意味が固定していない。

・from / to, up / down, here / there などと同様、come / go, give / get, take / put, keep / let, be / seem が対になっている。

・前置詞、形容詞、名詞などといっしょに使われてそれ自体の意味が薄い場合が多い。例えば come awake, make a decision, get through the work などの場合、come, make, get がなくても意味はわかる。

基本動詞 16 語を機能語の仲間に入れるのが分類の第 1 のポイントです。

4）ベーシックの Things

400 General をよく見ると普通なら動詞に分類されることばがたくさん入っています。walk, turn, push, kick などです。discovery, invention, punishment, selection など動詞から派生したことばも多いです。動詞的なことばが「名詞」として扱われるので数が 400 にもなっているのです。

語表の一番右の下の方に Rules があって Forms ending in 'er,' 'ing,' 'ed' from 300 names of things とあります。Things に入っている語の半分に 'er,' 'ing,' 'ed' をつけられるというルールです。例えば talk なら talker, talking, talked に look なら looker, looking, looked になります。ベーシックでは talk, look を「話すこと」「見ること」と

名詞扱いしますから talked, looked は過去形ではありません。ものごとには何でもする側とされる側がありますが、ベーシックの -ed 形は「されている」という受動の状態を、-ing 形は「している」という能動の状態を表します。-er(or) 形はもちろん動作主を表します。

'-ed,' '-ing,' '-er' は一般に動詞と考えられていない語にもつきます。shoeing a horse（蹄鉄を打っている），watering the garden（水をまいている），buttered bread（バターを塗られた），a table coated with dust（覆われた），boning the meat（骨を取っている），milking a cow（乳を搾っている），a picture backed with paper（裏打ちされた）のようにです。

いわゆる一般動詞を「名詞」の仲間に入れ、-ed, -ing, -er がつくというルールによって Things の他の語と同列に扱うのが分類の第 2 のポイントです。

5）ベーシックの Qualities

ものの性質を表すことばは対で習うとわかりやすく忘れにくいので Qualities には 50 Opposites として反対語がまとめられています。50 Opposites に対立することばが左の 100 General にない場合もあります。例えば awake, certain の反対語は Things の sleep, doubt です。また複数の反意語がある場合もあります。例えば delicate などは意味によって strong, rough, common, low がそれぞれ対立すると考えられます。

Qualities の中にも -ed, -ing, -er をつけて動詞的に用いられるものがあります。dry → dried, drying, drier のようにです。dried はもちろん過去形ではありません。なお、Qualities には un-, -ly をつけられるという規則があります。un- には意識的でない人が多いですが、unhappy, unconscious, unlike, unwise, unimportant のように簡単に反意語が作れます。

さて、あらためて語表を見てください。Operations 100 語と Qualities 150 語にはさまれて Things 600 語が表の大部分を占めています。動詞を排除して大部分の語をものごとの名前（名詞）と考えるのが分類の第 3 のポイントです。これにより学習者は動詞のまちがいやすい変化形（fall-fell，blow-blew，run-ran のような）から解放され、しかも左右の Operations，Qualities と組み合わせた表現（had a sudden fall，give a hard blow のような）が自在にできるようになるのです。

6）動詞がなくてもだいじょうぶ

練習問題⑤～⑨をやりながら動詞がなくてもだいじょうぶなことを確認していきましょう。

⑤ 文末の（　）内はベーシック語ではありません。書き換えてください。

She is (p　　　) tea in the cup. (pouring)

He is (m　　　) a line. (drawing)　I had my bag (t　　　). (stolen)

Are you (d　　　) with the book? (finished)

He (s　　　) a stone across the river. (threw)

Operations の 16「動詞」が一般動詞の代わりをします。基本動詞の意味が非常に広いのは英語の特徴です。

⑥ (　) 内に Operations のどれかを入れてください。

I came (a　　　) an old friend in the street. (met)

These houses were put (u　　) last year. (built)

Keep (f　　) having food full of fat. (avoid)

Sponge takes (i　　) liquids. (absorbs)

I was unable to (p　　) my ideas (i　　) words. (express)

二語動詞が一般動詞の代わりをするのも英語の特徴です。

⑦ 同じ意味になるようにしてください。

He (g　　) a loud (c　　). (cried)

The government (m　　) a quick (d　　　) about it. (decided)

We (h　　) a good (l　　　). (laughed)

She (i　　) a good (u　　　) of Basic English. (uses)

take a walk, is a good swimmer などでおなじみの形です。基本動詞の意味はたいへん薄く、文の構成に必要な機能語になっています。

⑧ 右の (　) 内には Qualities のどれかが入ります。

The meat has (g　　)(b　　). (rotted)

We are (g)(r) for the event. (preparing)

The teacher (p) my errors (r). (corrected)

この形でも意味の薄い 16「動詞」が使われます。

⑨ Things のどれかに -er, -ing, -ed をつけて書いてください。

The books on the shelves are (g) into four. (classified)

The special train is (t) to go at 10:00 a.m. (scheduled)

Who was the (p) of the woman? (killed with poison)

I got all the windows open for (a) my rooms. (ventilating)

The machine was (b) in the stone floor. (installed)

The grass was (s) with little yellow flowers. (scattered)

名詞が動詞に、形容詞が名詞に変わったりする品詞転換が多いのは英語の特徴です。Things 600 語の半分に -ed, -ing, -er をつけられるというルールがあるので、ベーシックではこの品詞転換が促進されます。

ベーシックは 16 基本動詞を Operations に入れて特別扱いし、Things 300 語 + -ed, -ing, -er というルールを作って動詞の排除に成功しました。しかもそれによって英語の一般的な特徴（品詞転換が容易であること、基本動詞が大活躍すること）を端的に表す組織になっています。オグデンはベーシック・イングリッシュを考案したのではなくむしろ発見したのだとも言われています。英語の中にはベーシック・イングリッシュによってはっきり示された構造があって、オグデン以前の人はそれに気づかなかっただけというのです。

7）ベーシックを学ぶ利点

ベーシック・イングリッシュは語数が少ないので、ある事柄を表現するのに使うことばは決まっています。たとえば「ごみ」関係なら waste です。「ごみ」には garbage, trash, rubbish などいろいろありますが使われる対象がそれぞれ決まっているようです。waste は何にでも使えますし、「浪費、荒れ地」の意味にもなります。しかも -ing, -ed をつけて形容詞としても使えます。同じ理由で「困りごと」なら何でも trouble です。worry? suffer? distress? などと悩む必要はありません。最も中立的で幅の広い語が用意されているのです。

数が少ないので、必要なことばはすぐに思い出せます。同じことばを使い回すので、用法が肉体化します。少ないことばでやりくりする習慣が身につきます。類義語をたくさんおぼえているとしばしば使い間違いをします。ベーシックならその心配はありません。ルールがあるからスポーツは楽しくなります。ベーシックの語数制限とルールで英語学習が楽しくなります。

練習問題解答

① seat, house, hard, great, under, step, store

② wordbook, cooking-room, great town, rough weather, money-bag, self-respect

③ thin, loud, bitter, cruel, hate, pain, learning

④ mouth, stem, foot, hands, chest, tail, skin, wings, fruit, leaf, roots

⑤ putting, making, taken, done, sent

⑥ across, up, from, in, put, into

⑦ gave, cry　made, decision　had, laugh　is, user

⑧ gone, bad　getting, ready　put, right

⑨ grouped, timed, poisoner, airing, bedded, starred

この本の使い方

このワークシート集の例文はすべてベーシック 850 語と *International words* 50 語の範囲で書かれ、ベーシックのルールに沿っています。動植物名などやむを得ずはみでる場合はイタリックになっています。作文の練習問題を見ると今までの知識が思い浮かぶでしょうが、ベーシックを学ぶ本ですから、その範囲でやってみてください。

1）まず左側の例文の意味を完成してください。リズムに注意して作ってあるので音読しながらやりましょう。語の意味は品詞分類ではなく、元の意味から比喩的に広がる順で並んでいます。終わったら解答編で確認してください。ざっと同じなら OK です。

2）右側の練習問題をやりましょう。問題文の下線部は右の（　　）内にヒントがあるのでまずヒントを完成しましょう。問題はどれも例文を少し変えればできます。例えば下図の通り、問題も利用する例文と同じように意味の広がる順で並んでいます。語表の範囲でベーシックのルールに沿って書きましょう。書けなくても解答を確認すればベーシックの路線にもどることができます。

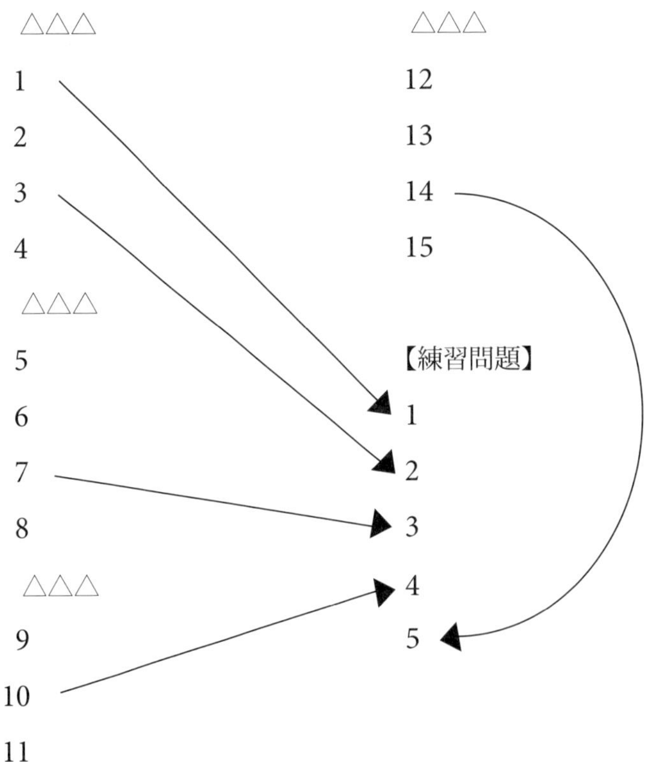

1. *see* 見える

見える、ある、いる

1 I do not <u>see</u> very well without glasses.

私は（　　　　　　　　　　　　　　　　　　　　　　　　　　　）。

2 I <u>saw</u> a great number of books everywhere in the room.

部屋の（　　　　　　　　　　　　　　　　　　　　　　　　　　）。

3 I <u>saw</u> nobody anywhere in the street.

通りの（　　　　　　　　　　　　　　　　　　　　　　　　　　）。

会う、経験する

4 I <u>saw</u> my dead father in my sleep last night.

ゆうべ（　　　　　　　　　　　　　　　　　　　　　　　　　　）。

5 I will <u>see</u> a medical man tomorrow about my skin trouble.

あした医者に（　　　　　　　　　　　　　　　　　　　　　　　）。

6 It is time for me to go. I will <u>see</u> you again.

もう（　　　　　　　　　　　　　　　　　　　　　　　　　　　）。

7 I will <u>see</u> Kyoto, Nara, and some other places while I am in Japan.

日本に（　　　　　　　　　　　　　　　　　　　　　　　　　　）。

8 My town has <u>seen</u> great changes.　家の方は（　　　　　　　　　　　）。

わかる、気づく

9 The medical man quickly <u>saw</u> what was wrong with me.

医者は（　　　　　　　　　　　　　　　　　　　　　　　　　　）。

10 I <u>saw</u> with one look that she was in serious trouble.

一目で（　　　　　　　　　　　　　　　　　　　　　　　　　　）。

確かめる、送り届ける

11 <u>See</u> that the doors are locked before you go out.

出かける（　　　　　　　　　　　　　　　　　　　　　　　　）。

12 Please go and <u>see</u> if the sea is still rough.

海が（　　　　　　　　　　　　　　　　　　　　　　　　　　）。

13 I will <u>see</u> you in my automobile to your house.

家まで（　　　　　　　　　　　　　　　　　　　　　　　　　）。

【練習問題】

1 <u>暗いところでは</u>どうもよく見えない。（in p_____ l______）

I ____.

2 夕べ、夢の中に<u>昔の生徒たち</u>が出てきた。（my o_____ l_________）

I ____.

3 一目で彼が<u>危篤状態</u>なのがわかった。（in d_________）

I ____.

4 寝る前に<u>カーテンが引いてある</u>か確かめなさい。（the c_________ are p________）

See ____.

5 彼は車で私を駅まで送ってくれた。

He ____.

2. picture -ed, -ing, -er　えがく

絵

1 He is making a picture of flowers in watercolors.

あの人は（　　　　　　　　　　　　　　　　　　　　　　）。

2 This is a rough picture of my house and the garden.

これは（　　　　　　　　　　　　　　　　　　　　　　）。

3 In this painting peace is pictured as a *dove*.

この絵の中で（　　　　　　　　　　　　　　　　　　　　　　）。

写真、映画

4 I took her picture with her dog at her side.

彼女の（　　　　　　　　　　　　　　　　　　　　　　）。

5 We had our picture taken with the blackboard at our back.

私たちは（　　　　　　　　　　　　　　　　　　　　　　）。

6 Buster Keaton was starring in a great number of pictures without sound.

キートンは（　　　　　　　　　　　　　　　　　　　　　　）。

7 My friends made a picture out of their experiences in the war.

友人たちが（　　　　　　　　　　　　　　　　　　　　　　）。

心にえがくもの、イメージ

8 Will you give me a picture of the town of your birth?

君が（　　　　　　　　　　　　　　　　　　　　　　）。

9 This book will give you a rough picture of the ways of living in Japan before the war.

この本を（　　　　　　　　　　　　　　　　　　　　　　）。

10 I am picturing her being married to me.

彼女が（　　　　　　　　　　　　　　　　　　　　　　）。

11 I was picturing myself as a sailor when very young.
子供の（ ）。

絵にかいたような人、もの

12 Her garden is a picture when it is in flower.
あの人の（ ）。

13 He is the very picture of his father.
彼は（ ）。

14 She is the picture of hard work.　彼女は（ ）。

【練習問題】

1 女の子は油彩で果物の絵をかいている。（o_____ ）

The ____.

2 私たちは滝をバックにして写真を撮ってもらった。（w______f_____ ）

We ____.

3 森繁はたくさんの映画で主演した。

Morishige was ______________________________________.

4 彼が私と結婚していたらどんな風かしら。

I ____.

5 彼女はまさにお母さんの生き写しだ。

She ____.

3. *put* 位置につける

(ある場所に) 置く、入れる、貼る、かく

1 I put some stamps for 140 yen on the letter-cover.

封筒に（ ）。

2 I put my name on the line at the foot of the paper.

紙の（ ）。

3 I put water from the pump in a bottle.

井戸の（ ）。

4 She was put in prison as punishment for her crime.

犯した罪の（ ）。

(ある状態に) する

5 I will put my room in order by the year-end.

部屋を（ ）。

6 Some of the girls put their hands up at my question.

生徒の何人かが（ ）。

7 They put their pencils down at the sound of the bell.

ベルの（ ）。

8 Put the cards together with a band.　カードを（ ）。

(ある状態に) もっていく (put ... to ... の形で)

9 She put her baby to bed.　赤ん坊を（ ）。

10 The sound of the waves far away put him to sleep before long.

遠くの（ ）。

11 She put herself to death when she was thirty.

あの人は（ ）。

言い表す、言い換える（put ... in / into ... の形で）

12 He is very good at putting his ideas in simple words.

彼は考えを（　　　　　　　　　　　　　　　　　　　　　　　　　　　）。

13 The teacher put her ideas into simple pictures.

先生は（　　　　　　　　　　　　　　　　　　　　　　　　　　　　　）。

14 Will you put my writing into simple English?

私の文章を（　　　　　　　　　　　　　　　　　　　　　　　　　　　）。

【練習問題】

1 コーヒーには砂糖もミルクも入れない。（no ... or ...）

I ____.

2 子供たちはチョークで道に絵をかいていた。（in c______）

The boys and ______________________________________.

3 生徒たちはベルの音で用紙を伏せた。（f____ d_____）

The ____.

4 梢を渡る風の音を聞いていたらじきに眠ってしまった。
（the wind t_________ the l______）

The sound ____.

5 あなたの文章をベーシック・イングリッシュに翻訳します。

I will ____.

4. *on*　一面にくっついて

…の表面に、上に；身につけて

1 I put the pot on the fire.　なべを（　　　　　　　　　　　　　　）。

2 There were some flies on the top of the room.

部屋の（　　　　　　　　　　　　　　）。

3 Keep your dog on the chain here.　ここでは（　　　　　　　　　　　　　　）。

4 I kept my coat on because the room was cold.

部屋が（　　　　　　　　　　　　　　）。

5 I have no money on me now.　今（　　　　　　　　　　　　　　）。

…に沿って、の側に

6 My office is on the wide street named Kasuga Dori.

私の（　　　　　　　　　　　　　　）。

7 I took my seat on her right.　彼女の（　　　　　　　　　　　　　　）。

8 I am on your side at all times.　いつでも（　　　　　　　　　　　　　　）。

…によって、基づいて

9 She made us music on the piano.

彼女は（　　　　　　　　　　　　　　）。

10 The boy is balancing on one leg.　その子は（　　　　　　　　　　　　　　）。

11 This book is based on her long experience in teaching.

この本は（　　　　　　　　　　　　　　）。

…について、対して

12 I am now writing a book on Basic English.

今（　　　　　　　　　　　　　　）。

13 Violent attacks were made on the town from the sea.

その町は（　　　　　　　　　　　　　　　　　　　　　　　　　　　　　　　　　）。

作動して、行われて

14 The radio was on when I went into the room.

部屋に（　　　　　　　　　　　　　　　　　　　　　　　　　　　　　　　　　）。

15 What is on at the theater?

劇場で（　　　　　　　　　　　　　　　　　　　　　　　　　　　　　　　　　）。

【練習問題】

1 窓に小虫が何匹かついていた。（ s_______ i_________ ）

There ____.

2 彼の仕事場は駅裏の細い道沿いにある。

（ a n_______ road at the b_____ of the station ）

His ____.

3 その女の子はつま先で踊っていた。（ t_____ ）

The ____.

4 基地は激しい空爆を受けた。（ b_____ ）

Violent ____.

5 彼女はラジオをつけたままにして外出した。（ k_____ the radio o___ ）

She ____.

5. *body*　ひとかたまり

体、肉体

1 A *hedgehog's* <u>body</u> is covered with long, sharp points.

ハリネズミの（　　　　　　　　　　　　　　　　　　）。

2 She has a healthy <u>body</u> and a quick mind.

あの人は（　　　　　　　　　　　　　　　　　　）。

死体

3 The police got the woman's <u>body</u> out of the earth in the wood.

警察は（　　　　　　　　　　　　　　　　　　）。

4 In some countries, <u>bodies</u> are put under the earth, not burned.

国によっては（　　　　　　　　　　　　　　　　　　）。

胴体、本体

5 Our head, arms, and legs are joined to our <u>body</u>.

頭と（　　　　　　　　　　　　　　　　　　）。

6 The <u>body</u> of the airplane was painted in bands of yellow and green.

飛行機の（　　　　　　　　　　　　　　　　　　）。

7 The <u>body</u> of the letter was in machine writing.

手紙の（　　　　　　　　　　　　　　　　　　）。

集まり、かたまり、天体

8 The work of government is now done by a <u>body</u> of persons, not by one ruler.

政治は（　　　　　　　　　　　　　　　　　　）。

9 There is a <u>body</u> of cold air coming over Japan from the north.

北から（　　　　　　　　　　　　　　　　　　）。

10 The stars and our earth are bodies moving through space.

星も（　　　　　　　　　　　　　　　　　　　　　　　　）。

（酒の）こく

11 This wine is full of body.

このワインは（　　　　　　　　　　　　　　　　　　　　）。

12 This *sake* has not enough body.

この（　　　　　　　　　　　　　　　　　　　　　　　　）。

【練習問題】

1 警察はその男の遺体を川から網で引き上げた。（ in a n____ ）

The ____.

2 その犬は胴が短くて脚が長い。

The ____.

3 船体は茶色と緑の縞に塗られていた。

The ____.

4 兵隊が何人か行進していた。（ m______ m___; w______ in a b____ ）

Some _______________________________________.

5 南から暖かい気団が日本をおおってきています。

There _______________________________________.

6. *hard* きびしい

かたい

1 This nut is as hard as stone.

この（　　　　　　　　　　　　　　　　　　　　　　　　　　　　）。

2 What is the hardest substance on the earth?

地上で（　　　　　　　　　　　　　　　　　　　　　　　　　　　）。

つらい、むずかしい

3 Mother had a number of hard experiences in the wartime.

母は（　　　　　　　　　　　　　　　　　　　　　　　　　　　　）。

4 This is truly a very hard summer.

今年の夏は（　　　　　　　　　　　　　　　　　　　　　　　　　）。

5 Our teacher puts a hard question to us now and then.

先生は（　　　　　　　　　　　　　　　　　　　　　　　　　　　）。

6 It is hard for me to have regular meals.

食事を（　　　　　　　　　　　　　　　　　　　　　　　　　　　）。

7 It is very hard to put our ideas into English.

考えを（　　　　　　　　　　　　　　　　　　　　　　　　　　　）。

激しく、熱心に

8 He gave the stone a hard blow with his hammer.

ハンマーで（　　　　　　　　　　　　　　　　　　　　　　　　　）。

9 It was raining hard with thunder.

雷を（　　　　　　　　　　　　　　　　　　　　　　　　　　　　）。

10 The baby was crying harder and harder.

赤ん坊は（　　　　　　　　　　　　　　　　　　　　　　　　　　）。

11 What a <u>hard</u> worker your daughter is!

お嬢さんは（　　　　　　　　　　　　　　　　　　　　　　　　）。

12 She is a <u>hard</u> drinker.　あの人は（　　　　　　　　　　　　　　　　）。

きびしい、怖い

13 Don't be so <u>hard</u> on yourself.

自分に（　　　　　　　　　　　　　　　　　　　　　　　　　）。

14 He gave me a <u>hard</u> look when I went into his room.

部屋に（　　　　　　　　　　　　　　　　　　　　　　　　　）。

【練習問題】

1 この<u>種</u>は鋼鉄みたいに硬い。（ s______ ）

This ____.

2 彼は学校でかなりいじめられた。

He ____.

3 日本語を英語にするのはたいへんむずかしい。

It ____.

4 強風をともなって激しく降っていた。

It ____.

5 <u>「やあ」と言ったら</u>、彼女は怖い目で私を見た。

（ I s_____, "H______!" to her ）

She ____.

7. *time* -ed, -ing, -er　大きな流れの一点

時、時間

1 Time goes like a great river.

時は（　　　　　　　　　　　　　　　　　　　　　　　　　）。

2 I have no time today for rest or amusement.

休んだり（　　　　　　　　　　　　　　　　　　　　　　　）。

3 Rain kept me in my house. I gave most of my time to reading.

雨で（　　　　　　　　　　　　　　　　　　　　　　　　　）。

4 That motion picture was a complete waste of time.

あの映画は（　　　　　　　　　　　　　　　　　　　　　　）。

5 At the time of my birth my father was quite young.

私が（　　　　　　　　　　　　　　　　　　　　　　　　　）。

6 We see beautiful red and yellow leaves at this time of year.

一年の（　　　　　　　　　　　　　　　　　　　　　　　　）。

時刻

7 I will see you at the same time a week from today.

来週の（　　　　　　　　　　　　　　　　　　　　　　　　）。

8 The train was timed to go at 8:30, but it did not.

列車は（　　　　　　　　　　　　　　　　　　　　　　　　）。

時代

9 He is going in harmony with the times.

彼は（　　　　　　　　　　　　　　　　　　　　　　　　　）。

10 They had hard times after the loss of war.

戦争に（　　　　　　　　　　　　　　　　　　　　　　　　）。

回、倍

11 She got married three <u>times</u>, all broken up shortly.

結婚は（　　　　　　　　　　　　　　　　　　　　　　　　　　　　）。

12 Columbia is three <u>times</u> as great as Japan.

コロンビアは（　　　　　　　　　　　　　　　　　　　　　　　　　）。

【練習問題】

1 昨日はほとんど<u>買い物</u>で過ごした。（m_________）

I ____.

2 あの先生の<u>授業</u>は時間の無駄だった。（t_________）

The ____.

3 来週の水曜日、同じ時間にお会いします。

I ____.

4 列車は 6 時に<u>その町に着く</u>はずだったが着かなかった。

（g____ to the t______）

The ____.

5 富士山は高尾山の 5 倍高い。

Mt. Fuji ____.

8. *up* 上がって

高く、上がって、起きて

1 A great, silver fish came up to the top of the water.

大きな（　　　　　　　　　　　　　　　　　　　　　　）。

2 Food prices are up from wet weather.

食料品の（　　　　　　　　　　　　　　　　　　　　　）。

3 The river is up today.　川は（　　　　　　　　　　　　）。

4 The old woman went up the steps with the help of a stick.

老婦人は（　　　　　　　　　　　　　　　　　　　　　）。

5 I took the up lift to the fourth floor.

私は（　　　　　　　　　　　　　　　　　　　　　　　）。

6 I was up at work all through the night.

一晩中（　　　　　　　　　　　　　　　　　　　　　　）。

近づいて

7 I came up to the man quietly from the back.

その男に（　　　　　　　　　　　　　　　　　　　　　）。

8 When will you come up tomorrow?　明日（　　　　　　　）。

9 Up to now I have never been to Nikko or Hakone.

日光も（　　　　　　　　　　　　　　　　　　　　　　）。

完全に、すっかり

10 She was dressed up from head to foot for the dance.

パーティーの（　　　　　　　　　　　　　　　　　　　）。

11 All his money has been used up on wine and women.

彼の資産は（　　　　　　　　　　　　　　　　　　　　）。

12 I had all my books and papers burned up in the fire.

火事で（　　　　　　　　　　　　　　　　　　　　　　　　　　　　　）。

13 When that building is up, we will have much less sunlight.

あのビルが（　　　　　　　　　　　　　　　　　　　　　　　　　　　）。

Word Group: put up with ...　…をがまんする

14 I am unable to put up with your language any longer.

これ以上君の（　　　　　　　　　　　　　　　　　　　　　　　　　　）。

【練習問題】

1 老人は手押し車につかまって坂を上った。（a c____）

The ____.

2 上りの列車で大宮まで行った。

I ____.

3 私の資産は骨董品に使い果たされました。

（w_____ of art from o___ d_____）

All ____.

4 あの家が建つと海が見えなくなるね。（no v_____ of the s_____）

When ____.

5 君のお行儀にはこれ以上耐えられない。（your b_________）

I ____.

9. *get* 何とかする

手に入れる、受け取る

1 The boy got some pocket money from his mother.

その子は（ ）。

He will get a bag of sweets with the money.

お菓子の（ ）。

2 It seems I got a cold in the train.　電車で（ ）。

3 I got the news of his sudden death through a man going by.

彼が（ ）。

4 I got my first-school education in Kyushu.　小学校は（ ）。

5 The bell went three times at the other end and I got Mr. Sato on the line.

電話の向こうで（ ）。

…になる

6 I was without my key but I got in through the bathroom window.

鍵を（ ）。

7 It is hard to get to the station in thirty minutes.

30 分で（ ）。

8 She gets angry at small things.　ささいな（ ）。

9 The room quickly got cold after sundown.

日が（ ）。

10 Days get longer day by day in spring.　春は（ ）。

…にする、してもらう

11 Will you get the room ready for the meeting?

部屋を（ ）。

12 I <u>got</u> my automobile out of its place.　車を（　　　　　　　　　　　　　　　　　）。
13 I <u>got</u> the tooth stopped with gold.　歯に（　　　　　　　　　　　　　　　　　）。
14 It is impossible to <u>get</u> this chest through the door.
　このタンスは（　　　　　　　　　　　　　　　　　　　　　　）。

【練習問題】

1 その子はお父さんにお小遣いをもらった。
<u>色鉛筆</u>を一箱買うつもりです。（c_______ p_______）

The girl ____.
She ____.

2 <u>教室</u>でかぜをもらったみたいだ。（s______ r______）

It ____.

3 <u>中学校</u>は四国だった。（m_____ -s______）

I ____.

4 部屋は日が昇るとどんどん暖かくなった。

The ____.

5 私たちは年ごとに老いていく。

We ____.

6 車を<u>突っ込みで</u>車庫に入れた。（h____ f_____）

I ____.

10. down 下へ

下に

1 The sun is <u>down</u>. 日が（ ）。

2 The prices of grain are <u>down</u>. 穀物の（ ）。

3 The cat is unable to get <u>down</u> the tree.

猫が（ ）。

4 The teachers' room is <u>down</u> the steps.

職員室は（ ）。

5 There was a <u>down</u> slope out of the sun.

日の（ ）。

6 It was past nine a.m. but Father was not <u>down</u> still.

9 時を（ ）。

倒れて、伏せて

7 Some trees in the street are <u>down</u> after the wind yesterday.

昨日の（ ）。

8 Keep <u>down</u> or you will be fired at.

伏せて（ ）。

静まって、不調で

9 The wind was suddenly <u>down</u>.

風が（ ）。

10 She is <u>down</u> with a cold. かぜで（ ）。

11 My printer is <u>down</u> again.

また（ ）。

…まで、に沿って

12 I went <u>down</u> to the food store for some milk and butter.

食品店に（　　　　　　　　　　　　　　　　　　　　　　　　　　　　）。

13 We took a walk <u>down</u> the street in the sun.

私たちは（　　　　　　　　　　　　　　　　　　　　　　　　　　　　）。

時代を下って

14 This story has come <u>down</u> to us from very early days.

このお話は（　　　　　　　　　　　　　　　　　　　　　　　　　　　）。

【練習問題】

1 その学校は坂を下って<u>左側</u>です。（ o___ the l_____ ）

The ____.

2 夕べの<u>暴風</u>で庭の木が何本か倒れてしまった。（ v_______ wind ）

Some ____.

3 鈴木さんはひどい風邪で 3 日寝てます。

Mrs. ____.

4 私の家はこの通りを下って右手にあります。

My ____.

5 この歌は<u>江戸時代</u>から伝わっています。（ the d_____ of Edo ）

This ____.

11 give　あげてしまう

あげる、渡す、払う

1 I gave my boy 5,000 yen at the New Year.
息子に（　　　　　　　　　　　　　　）。

2 I gave my bags to the porter before getting on the ship.
船に（　　　　　　　　　　　　　　）。

3 I gave over ten thousand yen for my first-rate ticket to Nagano.
長野行きの（　　　　　　　　　　　　　　）。

与える、伝える、示す

4 She is ready at all times to give help to anybody in trouble.
あの人はいつも（　　　　　　　　　　　　　　）。

5 The bank gave place to a building of flats.
銀行は（　　　　　　　　　　　　　　）。

6 I gave my name to the doorkeeper.　門番に（　　　　　　　　）。

7 Directions are given in three languages.
使用法が（　　　　　　　　　　　　　　）。

8 Give your full attention to your work.　勉強に（　　　　　　　　）。

へこむ、くずれる

9 The floor gave under the weight of a mass of old books.
床が（　　　　　　　　　　　　　　）。

（あることを）する　（give a ... の形で）

10 The horse gave him a kick to death with its back leg.
馬が（　　　　　　　　　　　　　　）。

11 We <u>gave</u> a loud cry together, and the wall gave it back.

いっせいに（　　　　　　　　　　　　　　　　　　　　　　　　　　　）。

Word Group: give up　手放す、やめる

12 He <u>gave up</u> smoking when he had a baby.

こどもが（　　　　　　　　　　　　　　　　　　　　　　　　　　　）。

13 I <u>gave up</u> my seat to the old woman.　席を（　　　　　　　　　　　）。

14 She <u>gave</u> herself <u>up</u> to the police after the crime.

犯行の（　　　　　　　　　　　　　　　　　　　　　　　　　　　）。

【練習問題】

1 新潟行きの<u>往復切符</u>に 1 万円以上払った。（ t____-w____ ticket ）

I ____.

2 学校の跡地が病院になりました。

The ____.

3 私の重みで床がへこんだ。

The ____.

4 思い切り叫んだら<u>崖</u>からこだまが返ってきた。（ s_____ s_____ ）

I ____.

5 <u>神様に願をかけた</u>ときに酒をやめました。

（ m____ a r_______ to a Higher Being ）

I ____.

12. *take* 手に取る

とる、ぬぐ、盗む

1 A sudden wind took my hat off when I was going over the bridge.

橋を（　　　　　　　　　　　　　　　　　　　　　　　　　　）。

2 I took my coat off before making a noise on the door.

ドアを（　　　　　　　　　　　　　　　　　　　　　　　　　）。

3 He took me by the arm saying, "A minute, please!"

「ちょっと待って」と（　　　　　　　　　　　　　　　　　　）。

4 She had her bag taken when she was looking away.

よそ見を（　　　　　　　　　　　　　　　　　　　　　　　　）。

もっていく、つれていく

5 This street takes you to the heart of the town.

この通りを（　　　　　　　　　　　　　　　　　　　　　　　）。

6 I took my dog with me in a walk down the river.

川べりの（　　　　　　　　　　　　　　　　　　　　　　　　）。

7 My work takes me to Kyushu two or three times a year.

仕事で（　　　　　　　　　　　　　　　　　　　　　　　　　）。

飲む、食べる

8 We generally take white wine with fish.

ふつう（　　　　　　　　　　　　　　　　　　　　　　　　　）。

9 I take my last meal about eight.

夕食は（　　　　　　　　　　　　　　　　　　　　　　　　　）。

必要だ

10 It <u>takes</u> knowledge and invention to be a writer.

作家に（　　　　　　　　　　　　　　　　　　　　　　　　　　　　　　）。

（あることを）する　（take a ... の形で）

11 We <u>took</u> a rest in the shade of tall trees.

高い木の（　　　　　　　　　　　　　　　　　　　　　　　　　　　　）。

Word Group: take place　起こる

12 Nothing interesting ever <u>took place</u> in this small town.

この（　　　　　　　　　　　　　　　　　　　　　　　　　　　　　　）。

【練習問題】

1 <u>野原を歩いていたら</u>黒い鳥に帽子をさらわれた。（going a______ the f______ ）

A ____.

2 私はさいふを<u>無理矢理</u>奪われた。（by f______ ）

I ____.

3 仕事で年に 3，4 回沖縄に行きます。

My ____.

4 ぼくは<u>朝飯</u>は 7 時半ころだ。（my f_____ m_____ ）

I ____.

5 われわれは長い塀の陰で小休止した。

We ____.

13. *account*　くわしい報告

報告、話、記事

1 He gave us an account of his journey round Kyushu by two-wheeler.

自転車で（　　　　　　　　　　　　　　　　　　　　　　　　　　）。

2 Father gave me an account of his experiences in wartime now and again.

父は（　　　　　　　　　　　　　　　　　　　　　　　　　　　　）。

3 The late paper had an account of the great fire which took place the night before.

夕刊に（　　　　　　　　　　　　　　　　　　　　　　　　　　　）。

請求書、明細、帳簿

4 The waiter put the account on our table face down.

ウエイターが（　　　　　　　　　　　　　　　　　　　　　　　　）。

5 The store sent me the account for the food I got there last month.

店が（　　　　　　　　　　　　　　　　　　　　　　　　　　　　）。

6 Men and women in business houses keep accounts. They have account books at hand.

会社やお店の（　　　　　　　　　　　　　　　　　　　　　　　　）。

銀行口座、取引

7 I have over twenty million yen in my account.

銀行の（　　　　　　　　　　　　　　　　　　　　　　　　　　　）。

8 I put ¥100,000 in my account and the amount came to ¥600,000.

10 万円（　　　　　　　　　　　　　　　　　　　　　　　　　　　）。

9 I took ¥50,000 out of my account and the rest was only ¥3,000.

5 万円（　　　　　　　　　　　　　　　　　　　　　　　　　　　）。

10 The company has an <u>account</u> with a number of banks.

その会社は（　　　　　　　　　　　　　　　　　　　　　　　　　　　　）。

Word Group: take ... into account …を考えに入れる

11 You had better <u>take</u> your years <u>into account</u>.

自分の（　　　　　　　　　　　　　　　　　　　　　　　　　　　　）。

【練習問題】

1 彼女は四国一周の徒歩旅行のことを<u>一部始終話して</u>くれた。（ a f_____ account ）

She ____.

2 朝刊に前の日の<u>鉄道事故</u>の記事が載っていた。（ the r_______ t______ ）

The ____

____.

3 <u>飲み屋</u>が先月の飲み代の請求書を送ってきた。（ b___ ）

The ____.

4 10 万円、口座からおろしたら残りはわずか 1 万円だった。

I ____.

5 あなたがたは時間というものを考えに入れた方がいい。

You ____.

14. agreement　これでいこう

合意、一致（in agreement with ... の形で）

1 I am in agreement with her about most things.

ほとんどの（　　　　　　　　　　　　　　　　　　　　　　　　）。

2 I am in agreement with my brother about the division of our father's property.

父の資産を（　　　　　　　　　　　　　　　　　　　　　　　　）。

3 The girls are in agreement about the division of the cakes.

お菓子を（　　　　　　　　　　　　　　　　　　　　　　　　）。

4 China will never be in agreement with the U.S. about the question of Taiwan.

中国が（　　　　　　　　　　　　　　　　　　　　　　　　）。

協定（make an agreement with ... の形で）

5 Japan made a peace agreement with America in 1951.

日本は（　　　　　　　　　　　　　　　　　　　　　　　　）。

6 The owner made an agreement with the workers about increase in payment.

経営者は（　　　　　　　　　　　　　　　　　　　　　　　　）。

7 She made an agreement with her mother that she would be back by 10 p.m. every night.

母親と（　　　　　　　　　　　　　　　　　　　　　　　　）。

契約（make an agreement with ... の形で）

8 I made an agreement with the owner to take his house for another two years.

その家を（　　　　　　　　　　　　　　　　　　　　　　　　）。

9 He made an <u>agreement</u> with the company to let his land for ten years from now.

彼は土地を（　　　　　　　　　　　　　　　　　　　　　　　　　　　　　）。

Word Group: come to an agreement　合意に達する

10 The two countries <u>came to an agreement</u> about free trade.

二国は（　　　　　　　　　　　　　　　　　　　　　　　　　　　　　　　）。

【練習問題】

1 彼とはほとんどのことで意見が合いません。

I ____.

2 母の資産をどう分けるか姉と合意しています。

I ____.

3 日本は 1956 年にロシアと平和協定を結んだ。

Japan ____.

4 労働側は経営者と<u>時短</u>について協定を結んだ。

（w______g shorter h______）

The ____.

5 私はあと 20 年土地を借りる契約を地主とした。

I ____

____.

15 pleasure 快い

「…が楽しい、快い」の４つの言い方

(1) ... gives ... pleasure の形で

1 Love stories gave me much pleasure when I was young.

若いころ（ ）。

2 Getting about town for no purpose gives me some pleasure.

町を（ ）。

3 Looking at myself in the glass gives me no pleasure.

自分の顔を（ ）。

4 Writing in her day-book gives her some pleasure.

日記を（ ）。

5 Dancing gives our senses great pleasure.

ダンスは（ ）。

(2) take pleasure in ... ing の形で

6 She takes great pleasure in making herself up at a glass.

あの人（ ）。

7 She takes much pleasure in looking at the goods one store after another without getting anything.

お店をあちこち（ ）。

8 I take pleasure in doing nothing from time to time.

時には（ ）。

(3) It gives ... pleasure to ... の形で

9 It gives me great pleasure to have a drink at a train window.

列車の（　　　　　　　　　　　　　　　　　　　　　　　　）。

10 It gives him no pleasure to have a drink by himself.

彼は（　　　　　　　　　　　　　　　　　　　　　　　　）。

(4) ... is a pleasure to ... の形で

11 Cooking for myself is a pleasure to me.　自分で（　　　　　　　　　）。

12 After the swim the sun on my skin was a pleasure to me.

泳いだ（　　　　　　　　　　　　　　　　　　　　　　　　）。

【練習問題】

1 夕暮れ時に散歩するのが楽しい。（about s___d_____）

Having ____.

2 彼女は自分の顔を鏡で見るのが楽しい。

Looking ____.

3 あの人、おしゃれが生きがいなのよね。（d______ herself u___）

She ____.

4 立ち飲みするのがすごく楽しい。

（have a d____ u_ on my f____）

It ____.

5 お風呂の後、夜風が肌に快かった。

After ____.

16. *pain* -ed, -ing, -er 苦痛

痛み

(1) I have a pain in ... の形で

1 I have a pain in my right side.　ちょっと（　　　　　　　　　　　　　　　　）。

2 I have a pain in the left leg from walking a long way.

長く（　　　　　　　　　　　　　　　　　　　　　　　　　　）。

3 I have no pain now in any part of my body.

体の（　　　　　　　　　　　　　　　　　　　　　　　　　　）。

4 The baby seems to have a pain in the stomach.

赤ちゃんは（　　　　　　　　　　　　　　　　　　　　　　　）。

(2) ... gives me pain の形で

5 One of my back teeth gives me pain now and then.

奥歯の（　　　　　　　　　　　　　　　　　　　　　　　　　）。

6 The cut in the leg gave me a sharp pain.

脚の（　　　　　　　　　　　　　　　　　　　　　　　　　　）。

(3) ... is paining me の形で

7 My head is paining me today.　きょうは（　　　　　　　　　　　　　　　　）。

8 Is your knee still paining you?　膝は（　　　　　　　　　　　　　　　　　）。

心の痛み

9 The family of the dead person are in great pain now.

死者の（　　　　　　　　　　　　　　　　　　　　　　　　　）。

10 His son's crime gave him great pain.

息子の（　　　　　　　　　　　　　　　　　　　　　　　　　）。

11 She was <u>pained</u> because I didn't go to see her in hospital.
私が見舞いに（　　　　　　　　　　　　　　　　　　　　　　　　　）。

苦労、骨折り

12 She took great <u>pains</u> to take care of her little ones by herself.
女一人で（　　　　　　　　　　　　　　　　　　　　　　　　　　　）。

13 The teachers took <u>pains</u> to get ready for the field day.
運動会の（　　　　　　　　　　　　　　　　　　　　　　　　　　　）。

【練習問題】

1 左脇腹がきりきり痛い。

I ____.

2 <u>午前中ずっと</u>頭が痛んだ。（all t_______ the m_______ ）

I ____.

3 右腕の<u>患部</u>が痛い。（b___ p___ ）

The ____.

4 死者の<u>身内の人たち</u>は悲しみにひたっています。（r_______s）

The ____.

5 私、<u>学芸会</u>の準備にすごく骨を折りました。（the school p____s）

I ____.

17. go 動く

行く、動く

1 I was going up and down in the street for my money-bag.

落とした財布を（ ）。

2 The air-conditioner is going very well.　エアコンは（ ）。

3 This road goes to Urawa.　この道は（ ）。

4 Time goes more and more quickly as we get older.

年を（ ）。

5 "Where do these knives go?" "They go in that drawer."

このナイフは（ ）。

あの（ ）。

…になる

6 The engine went dead in the snow.　雪中で（ ）。

7 She went white with fear.　彼女は（ ）。

8 The fish will go bad in a very short time.

魚は（ ）。

去る、なくなる、死ぬ

9 The cakes were all gone in a minute.

お菓子は（ ）。

10 My mother's hearing is going.　母は（ ）。

11 All his hair was gone before he was forty.

40 歳に（ ）。

12 All my family have gone and I am living all by myself.

家族はみな（ ）。

Word Groups: go with ...　…と合う
go without ...　…なしですます　go on　続く

13 My shoes do not <u>go with</u> my coat.

靴が（　　　　　　　　　　　　　　　　　　　　　　　　　　　　　　）。

14 I am unable to <u>go without</u> drink even for one day.

一日だって（　　　　　　　　　　　　　　　　　　　　　　　　　　　）。

15 The warm weather will <u>go on</u> for some time to come.

暖かさは（　　　　　　　　　　　　　　　　　　　　　　　　　　　　）。

【練習問題】

1 駅はこの道ですか。

Does ____?

2 この箱はどこへいくの。<u>一番上の棚</u>よ。（the t___ s____）

Where ____?

It ____.

3 私、どんどん視力が落ちている。

My ____.

4 友達は皆去って彼女は全く孤独だ。

All ____.

5 あなたの帽子、コートと<u>よく</u>合ってる。（v___ w___）

Your ____.

18. come　やってくる

やってくる

1 The postman came to the door with a special letter.

速達を（　　　　　　　　　　　　　　　　　　　　　　　　）。

2 The sea comes in and goes out.

潮は（　　　　　　　　　　　　　　　　　　　　　　　　）。

3 The water of the river came to my chest in the middle.

中程では（　　　　　　　　　　　　　　　　　　　　　　　）。

4 A woman's sharp cry came from inside the house.

女性の（　　　　　　　　　　　　　　　　　　　　　　　　）。

5 A sweet smell of flowers was coming from the garden.

花の（　　　　　　　　　　　　　　　　　　　　　　　　）。

6 We are getting married in the coming year.

私たち（　　　　　　　　　　　　　　　　　　　　　　　　）。

7 We have come a long way from our house.

家から（　　　　　　　　　　　　　　　　　　　　　　　　）。

…へ行く、着く

8 I came to your house yesterday but you were away.

昨日（　　　　　　　　　　　　　　　　　　　　　　　　）。

9 We came to the hotel to put up at only after dark.

暗く（　　　　　　　　　　　　　　　　　　　　　　　　）。

…になる

10 I came awake in the middle of the night for the bathroom.

トイレに（　　　　　　　　　　　　　　　　　　　　　　　）。

11 All the lights came on together.　明かりが（　　　　　　　　　　　　　　　　）。

12 The train came to a stop suddenly between the stations.

電車が（　　　　　　　　　　　　　　　　　　　　　　　　　　　　）。

13 All her pains came to nothing after all.

いろいろ（　　　　　　　　　　　　　　　　　　　　　　　　　　　）。

【練習問題】

1 何か焦げる匂いが台所からしてきた。

（something b_______; the c_______-r____）

A ____.

2 私は来週入院します。（g___ into h_______）

I ____.

3 3日後にお宅にうかがいます。（i___ three d_____）

I ____.

4 毎晩、トイレに二、三回目が覚めます。

I ____.

5 会議は6時までに終わるでしょう。（c____ to an e___）

The ____.

19. let　さまたげない

させてやる

1 I <u>let</u> my cat come into my bed.　猫を（　　　　　　　　　　　　　　　　　　　　）。

2 I <u>let</u> my dog have a run in the field.

犬を（　　　　　　　　　　　　　　　　　　　　　　　　　　　　　　）。

3 I am <u>letting</u> my hair get longer.

髪を（　　　　　　　　　　　　　　　　　　　　　　　　　　　　　　）。

4 Naturally I have a desire for a drink, but my family does not <u>let</u> me.

もちろん酒を（　　　　　　　　　　　　　　　　　　　　　　　　　　）。

5 I <u>let</u> my breath out when I came up to the top of the water.

水面に（　　　　　　　　　　　　　　　　　　　　　　　　　　　　　）。

通す 、入れる

6 A thick window does not <u>let</u> noises come in.

厚い（　　　　　　　　　　　　　　　　　　　　　　　　　　　　　　）。

7 A thick curtain does not <u>let</u> light go through it.

厚い（　　　　　　　　　　　　　　　　　　　　　　　　　　　　　　）。

8 A thin roof <u>lets</u> heat in.　薄い（　　　　　　　　　　　　　　　　　　　　　）。

9 The windows were opened to <u>let</u> out bad air from inside.

部屋から（　　　　　　　　　　　　　　　　　　　　　　　　　　　　）。

10 A boy came to the door to <u>let</u> me in.

子供が（　　　　　　　　　　　　　　　　　　　　　　　　　　　　　）。

使わせる、貸す

11 I will <u>let</u> my house by the sea for the summer.

夏の間（　　　　　　　　　　　　　　　　　　　　　　　　　　　　　）。

12 He <u>lets</u> part of his land to the company by the year.

土地の（　　　　　　　　　　　　　　　　　　　　　　　　　　）。

Word Group: let down　失望させる

13 Our son <u>let us down</u> by getting very bad marks at school.

息子は（　　　　　　　　　　　　　　　　　　　　　　　　　　）。

【練習問題】

1 もちろん吸いたいけど家族がさせてくれない。

Naturally____.

2 屋根が雨漏りするね。

The roof ____.

3 彼はドアまで来たが私を通してくれなかった。

He ____.

4 彼女は家の二間を月極で貸している。

She ____.

5 娘は<u>学校をやめ</u>てしまい、私たちをがっかりさせた。

（g_____ up s_______）

Our ____.

20. keep　そのまま

…のままにしておく

1 In the heat of the day I kept my dog inside the house.

昼間（　　　　　　　　　　　　　　　　　　　　）。

2 Rain and the cold wind kept me in the house all day long.

風雨で（　　　　　　　　　　　　　　　　　　　　）。

3 The rubber band keeps the cards together.

ゴム輪で（　　　　　　　　　　　　　　　　　　　　）。

4 I kept quiet at the meeting fearing attention.

会議では（　　　　　　　　　　　　　　　　　　　　）。

5 He kept coughing almost five minutes with his head down.

顔を（　　　　　　　　　　　　　　　　　　　　）。

6 Keep your hands out of your pockets at school.

学校では（　　　　　　　　　　　　　　　　　　　　）。

7 Will this cake keep long?　この（　　　　　　　　　　　　）。

保管する

8 I will keep her pictures all my days.　彼女の（　　　　　　　　　　）。

9 Some persons keep their money in their chests of drawers.

お金を（　　　　　　　　　　　　　　　　　　　　）。

10 I keep some food in the space under the floor.

食料を（　　　　　　　　　　　　　　　　　　　　）。

経営・管理する

11 My father's mother keeps a food store. She keeps two workers there.

祖母は（　　　　　　　　　　　　　　　　　　　　）。

12 Do you keep an animal as a friend?

何か（　　　　　　　　　　　　　　　　　　　　　　　　　　　　　　　）。

Word Group: keep one's word　約束を守る

13 Keep your word at all times and you will have a good name.

いつでも（　　　　　　　　　　　　　　　　　　　　　　　　　　　　）。

【練習問題】

1 雪で彼らは一日、外に出られなかった。

The ____.

2 風の音がすごくて私は一晩中、眠れなかった。(great n_____ of w_____; a_____)

The ____.

3 彼女は涙を流しながら10分も笑い続けた。(w___ her eyes w________)

She ____.

4 お金を冷蔵庫に入れておく人もいる。

Some ____.

5 叔父は田舎で小さな旅館をやっています。従業員が3人います。

(a small c______ h_____)

My mother's ____

____.

21. make 変化させる

作る

1 I made a floor-cover from old bits of cloth.　端切れで（　　　　　　　　　　）。

2 We made a fire of dead branches in the dry riverbed.

河原で（　　　　　　　　　　）。

3 The dog is making a deep hole in the earth to keep his food in.

犬が（　　　　　　　　　　）。

4 It is hard to make much money by teaching.

何か教えて（　　　　　　　　　　）。

5 The heater is making a strange noise. There is something wrong with it.

ヒーターが（　　　　　　　　　　）。

…にする

6 Make the pot warm before making tea in it.

お茶を（　　　　　　　　　　）。

7 Nothing makes me happy these days.

この頃（　　　　　　　　　　）。

8 This quiet coat will make you older.　この（　　　　　　　　　　）。

9 Mr. Sasaki makes me go to sleep, specially in hours after twelve.

佐々木先生は（　　　　　　　　　　）。

…になる、…だ

10 Five and three make eight.　5 たす（　　　　　　　　　　）。

11 These brick walls make a prison.

この煉瓦塀は（　　　　　　　　　　）。

12 This book makes good reading.　この本は（　　　　　　　　　　）。

（あることを）する（make a ... の形で）

13 I <u>made</u> a change to another train at the station.

その駅で（　　　　　　　　　　　　　　　　　　　　　　　　　　　　）。

Word Group: make up　1 化粧する　2 でっち上げる

14 It is not good to <u>make up</u> in a train.

電車で（　　　　　　　　　　　　　　　　　　　　　　　　　　　　）。

15 It is bad to <u>make up</u> a story to get out of punishment.

罪を（　　　　　　　　　　　　　　　　　　　　　　　　　　　　）。

【練習問題】

1 私たちは<u>原っぱ</u>で枯れ葉で火を起こした。（ f_____ ）

We ____.

2 彼らは雪に深い穴を掘って<u>寒さをよけようと</u>した。

（ to k____ them f____ the c_____ there ）

They ____.

3 この<u>明るい</u>ドレスで若々しく見えるよ。（ b______ ）

This ____.

4 彼の本はどれもいい読み物だ。

Any of ____.

5 <u>人前で</u>化粧するのはよくない。（ b_____ o______ ）

It ____.

22. *seem* らしくみえる

…に見える、感じられる

1 A pencil in the glass of water <u>seems</u> bent.

鉛筆を（　　　　　　　　　　　　　　　　　　　　　　　）。

2 The part of your body under water <u>seems</u> greater than it is.

水中に（　　　　　　　　　　　　　　　　　　　　　　　）。

3 After the bath the air <u>seemed</u> cold on my skin.

お風呂のあと（　　　　　　　　　　　　　　　　　　　　）。

4 The moon <u>seems</u> greater when it is very low in the sky.

月は（　　　　　　　　　　　　　　　　　　　　　　　　）。

5 She is about fifty, but she <u>seems</u> to be in her thirties.

あの人（　　　　　　　　　　　　　　　　　　　　　　　）。

6 She never <u>seems</u> to get older.　まったく（　　　　　　　　　　）。

7 He is in a very high position but never <u>seems</u> to be.

すごく（　　　　　　　　　　　　　　　　　　　　　　　）。

…のようだ、らしい

8 From the look on her face she <u>seems</u> to be in great trouble.

表情から（　　　　　　　　　　　　　　　　　　　　　　）。

9 That man <u>seems</u> to be a policeman in common dress.

あの人（　　　　　　　　　　　　　　　　　　　　　　　）。

10 It <u>seems</u> like yesterday that we were together in the schoolroom.

教室で（　　　　　　　　　　　　　　　　　　　　　　　）。

(It seems to me that ... の形で）私は…と思う

11 It seems to me that she has been tricked by somebody.

あの人誰かに（　　　　　　　　　　　　　　　　　　　　　　）。

12 It seems to me that something very bad is going to take place.

何かすごく（　　　　　　　　　　　　　　　　　　　　　　）。

【練習問題】

1 彼のそばだと君が小さく見えるね。

By ____.

2 泳いだ後、空気が肌に暖かく感じられた。

After ____.

3 加藤さんは 70 をかなり超えているが 60 代に見える。（ w____ ）

Mrs. Kato ____

____.

4 いっしょに給食を食べたの昨日の事みたいね。（ h___ s_______ meals ）

It ____.

5 どうも私には彼は独身で一人暮らしのように思える。
（ un_______ and l_____ by h_______ ）

It ____.

23. *say* ことばにする

言う

1 You are not clear enough. Will you <u>say</u> louder?

言われることが（　　　　　　　　　　　　　　　　　　　　　　　）。

2 How do you <u>say</u> this word?　この単語（　　　　　　　　　　　　　　　）。

3 Don't <u>say</u> such a thing to your teacher.

そんなことを（　　　　　　　　　　　　　　　　　　　　　　　　）。

4 He <u>said</u> no to my offer of help.　援助の（　　　　　　　　　　　　　）。

（意見として）言う

5 She <u>says</u> that no make-up is the best make-up.

あの人（　　　　　　　　　　　　　　　　　　　　　　　　　　　）。

6 They <u>say</u> better late than never.

やらないよりは（　　　　　　　　　　　　　　　　　　　　　　　）。

（心の中で）言う、思う　（say to oneself の形で）

7 I <u>said</u> to myself, "I will never get married again to anybody."

誰とも（　　　　　　　　　　　　　　　　　　　　　　　　　　　）。

8 She <u>said</u> to herself that she would keep out of his way for ever.

彼とはもう（　　　　　　　　　　　　　　　　　　　　　　　　　）。

…と書いてある

9 The sign <u>says</u> in great, thick letters, "KEEP OUT!"

標識に（　　　　　　　　　　　　　　　　　　　　　　　　　　　）。

10 The newspaper <u>says</u> that it is going to be a very cold winter.

新聞に（　　　　　　　　　　　　　　　　　　　　　　　　　　　）。

11 The road was not what the map said it was.

道は（　　　　　　　　　　　　　　　　　　　　　　　）。

12 His face said that he was unhappy.

顔に（　　　　　　　　　　　　　　　　　　　　　　　）。

Word Group: What do you say to ...?　…はいかがですか。

13 What do you say to having a drink here?

ここで（　　　　　　　　　　　　　　　　　　　　　　）。

【練習問題】

1 あの人の名字、なんて読むの。（ f_____ namc ）

How ____?

2 ぼくは彼らとはもうかかわらないと思った。

I ____.

3 標識に大きな赤い字で「触るな」と書いてある。（ H______ OFF! ）

The ____.

4 天気予報だと午後は晴れてくるみたい。

（ be b_______; a_____ t_______ ）

The weather news ____.

5 今夜、外で食事するのはどう？（ h_______ a meal o____ tonight ）

What ____?

24. *off* 離れて

はずれて 、取れて（ついていたのが離れて）

1 I got the stopper off the bottle with an opener.

びんの（ ）。

2 The paint on the wall was off in places.

壁の（ ）。

3 Red and yellow leaves are coming down off the branches.

赤や（ ）。

4 My boys and girls are off my hands now.

私の子供たちは（ ）。

消えて（電線が離れて）

5 I put off all the lights before I was out.　出かける（ ）。

6 The light in the bedroom went off and then came on again.

寝室の（ ）。

7 The light over the front door is going off and on.

玄関の（ ）。

先へ、去って（いまの場所・時間から離れて）

8 The new year is only three hours off.　新年は（ ）。

9 She went off quickly without looking back at me.

足早に（ ）。

10 I went to the station to see a friend off to her new place of living.

友達が（ ）。

11 The meeting will be put off till later.

会議は（ ）。

休暇で（仕事から離れて）

12 I will take a week off for a journey.

旅行に（　　　　　　　　　　　　　　　　　　　　　　　　　　　　　　）。

Word Groups: well-off / badly-off

裕福な／貧しい（普通の状態からよい／悪い方向に離れて）

13 The owner of this great house is very well-off.

この豪邸の（　　　　　　　　　　　　　　　　　　　　　　　　　　　　）。

14 He was so badly-off that he gave up his house and land for money.

生活が（　　　　　　　　　　　　　　　　　　　　　　　　　　　　　　）。

【練習問題】

1 ふたの取っ手がはずれちゃった。（ h_____-part ）

The ____.

2 雷で明かりが全部一斉に消えた。（ t________; at the t________ ）

All ____.

3 友達が国に帰るのを見送りに空港へ行った。（ a___f______ ）

I ____.

4 先週、病気で仕事を 4 日休んだ。（ w____ a d______ ）

Last ____.

5 この店は金持ちを相手に商売しています。（ does b________ w_____ ）

This ____.

25. *out*　そこにない

外に、外で

1 Mother is <u>out</u> doing some marketing.

おかあさん（　　　　　　　　　　　　　　　　　　　　　　　　　）。

2 He has all his meals <u>out</u>.

彼は（　　　　　　　　　　　　　　　　　　　　　　　　　　　　）。

3 I was very happy to have a day <u>out</u> with her.

私は（　　　　　　　　　　　　　　　　　　　　　　　　　　　　）。

4 I put my hand <u>out</u> to get the change.

釣り銭を（　　　　　　　　　　　　　　　　　　　　　　　　　　）。

なくなって、消えて

5 The lights in the windows are <u>out</u>.

窓の（　　　　　　　　　　　　　　　　　　　　　　　　　　　　）。

6 The wax-light went <u>out</u> in the wind.

ろうそくが（　　　　　　　　　　　　　　　　　　　　　　　　　）。

7 A sudden rain put <u>out</u> the fire out of doors.

突然の（　　　　　　　　　　　　　　　　　　　　　　　　　　　）。

8 I got the dirty mark <u>out</u> by putting milk on it.

そのシミを（　　　　　　　　　　　　　　　　　　　　　　　　　）。

9 We have enough salt but sugar is <u>out</u>.

塩は（　　　　　　　　　　　　　　　　　　　　　　　　　　　　）

10 I will get through these books before the year is <u>out</u>.

年が（　　　　　　　　　　　　　　　　　　　　　　　　　　　　）。

現れて、咲いて

11 Cherry flowers will be <u>out</u> earlier this year.

今年は（　　　　　　　　　　　　　　　　　　　　　　　）。

12 Her secret was <u>out</u> at last.

ついに（　　　　　　　　　　　　　　　　　　　　　　　）。

13 Will your new book come <u>out</u> before long?

君の（　　　　　　　　　　　　　　　　　　　　　　　　）。

14 You come <u>out</u> well in pictures every time.

いつも（　　　　　　　　　　　　　　　　　　　　　　　）。

【練習問題】

1 おとうさんは<u>犬の散歩</u>で出ています。（ w_______ his d____ ）

Father ____.

2 彼女は手を差し伸べて<u>私の手をとった</u>。（ to t____ m____ ）

She ____.

3 砂糖は十分あるけど<u>醤油</u>がない。（ s____ ）

We ____.

4 今週中にこの仕事は終わらせます。

I ____.

5 ぼくはどうも写真うつりが悪くてね。

I ____.

26. *in* 内部

…の中に、の範囲で

1 The boy's pockets were full. He had a number of things in them.

その子の（　　　　　　　　　　　　　　　　　　　　　　　　　　）。

2 A small fly got in my eye.　目に（　　　　　　　　　　　　　　　　　　　　）。

3 "Is the manager in?" "No. She is out having a meal."

支配人は（　　　　　　　　　　　　　　　　　　　　　　　　　　）。

4 The deep lines make him seem to be in his late seventies.

しわが（　　　　　　　　　　　　　　　　　　　　　　　　　　　）。

5 I was foolish to say it in her hearing.

愚かにも（　　　　　　　　　　　　　　　　　　　　　　　　　　）。

6 I had some insect bites in the legs while taking off waste plants.

雑草を（　　　　　　　　　　　　　　　　　　　　　　　　　　　）。

…を着て、身につけて

7 I saw in the room a woman in black and by her side a girl in red.

部屋には（　　　　　　　　　　　　　　　　　　　　　　　　　　）。

8 The doorkeeper was a tall woman in glasses.

受付は（　　　　　　　　　　　　　　　　　　　　　　　　　　　）。

…後に、のうちに

9 The post office will be open in 10 minutes.

郵便局は（　　　　　　　　　　　　　　　　　　　　　　　　　　）。

10 I had to be ready to go in 30 minutes.

出かける（　　　　　　　　　　　　　　　　　　　　　　　　　　）。

…の点で、に関して

11 The boxes are the same <u>in</u> size, but different <u>in</u> color. They are six <u>in</u> number.

箱は（　　　　　　　　　　　　　　　　　　　　　　　　　　　　）。

12 She is an expert <u>in</u> the history of early China.　あの人は（　　　　　　　　　）。

…を使って

13 There is a great form <u>in</u> wood of Buddha in the house.

そのお寺には（　　　　　　　　　　　　　　　　　　　　　　　　）。

14 The teacher put a circle <u>in</u> red to right answers.

先生は（　　　　　　　　　　　　　　　　　　　　　　　　　　　）。

【練習問題】

1 彼は<u>60代前半</u>じゃないかな。（e_____ sixties）

He ____.

2 彼は私の顔を<u>殴った</u>。（g___ me a b____）

He ____.

3 赤い靴をはいた女の子が<u>近づいてきた</u>。（c_____ up t___ me）

A girl ____.

4 劇は15分後に<u>始まります</u>。（w___ be s______）

The ____.

5 建物の前に大きな渋沢の石像がある。

There ____.

27. *able* un-, -ly できる

できる、有能な

1 He is an able writer. His writings made him very well-off.

彼は（　　　　　　　　　　　　　　　　　　　　　　　　　　　）。

2 She is one of the ablest teachers I have ever come across.

今までに（　　　　　　　　　　　　　　　　　　　　　　　　　）。

3 She is certainly a very able teacher, but her mother was abler.

たしかに（　　　　　　　　　　　　　　　　　　　　　　　　　）。

4 He is abler with babies than I.　私よりも（　　　　　　　　　　）。

よくできた、すぐれた

5 He gave us an able and touching talk about the sad event.

悲しい事件について（　　　　　　　　　　　　　　　　　　　　）。

6 *English Through Pictures* are very able books produced by I. A. Richards, who was a very able English teacher.

『絵で見る英語』は（

　　　　　　　　　　　　　　　　　　　　　　　　　　　　　　）。

…ができる／できない（be able / unable to ... の形で）

7 I was unable to go up the sharp steps without stopping.

急な（　　　　　　　　　　　　　　　　　　　　　　　　　　　）。

8 Mrs. Kato is over ninety, but she is still able to make her meals herself.

加藤さんは（　　　　　　　　　　　　　　　　　　　　　　　　）。

9 "Is your baby able to have a walk?"　その子（　　　　　　　　）。

"No, she is not. She will be able to in two months."

いいえ、でも（　　　　　　　　　　　　　　　　　　　　　　　）。

10 Braille letters are for those who are unable to see.

点字は（　　　　　　　　　　　　　　　　　　　　　　　　　）。

11 I was able to get off the train a second before the door was shut.

ドアが（　　　　　　　　　　　　　　　　　　　　　　　　　）。

12 I will come tomorrow as early as I am able to.

明日（　　　　　　　　　　　　　　　　　　　　　　　　　　）。

【練習問題】

1 彼女は私よりもお年寄りの相手がうまい。

She ____.

2『方丈記』は室勝氏によるたいへんすぐれた本です。室氏はすぐれたベーシック・イングリッシュの先生でした。

Hojoki ____

____.

3 その急坂を一気に駆け上がれた。（g___ r_______ u___）

I ____.

4 斉藤さんは 90 歳だけど杖なしでどこへでも行ける。

（g___ a________ ; w_______ a s_______）

Mr. Saito ____.

5 ぼくは左手で絵がかけます。（m_____ p_______）

I ____.

28. *responsible* un-, -ly 責任がある

…に責任がある（responsible for … の形で）

1 I am <u>responsible</u> for the support of my family.

私は家族の（　　　　　　　　　　　　　　　　　　　　　　　　　）。

2 My little ones are <u>responsible</u> for the care of our animal friends.

子どもたちは（　　　　　　　　　　　　　　　　　　　　　　　　）。

3 Fathers and mothers are equally <u>responsible</u> for the education of their little ones.

子供の教育には（　　　　　　　　　　　　　　　　　　　　　　　）。

4 You are <u>responsible</u> to your father and mother for doing your best at school.

君には（　　　　　　　　　　　　　　　　　　　　　　　　　　　）。

5 Babies are not <u>responsible</u> for what they do.

赤ん坊は（　　　　　　　　　　　　　　　　　　　　　　　　　　）。

…が原因だ（responsible for …の形で）

6 Smoking is <u>responsible</u> for all sorts of diseases.

たばこは（　　　　　　　　　　　　　　　　　　　　　　　　　　）。

7 If the fish is bad, the heat is <u>responsible</u>.

魚が（　　　　　　　　　　　　　　　　　　　　　　　　　　　　）。

8 The very wet weather is <u>responsible</u> for the high prices of greens.

青物が（　　　　　　　　　　　　　　　　　　　　　　　　　　　）。

9 The violent wind was <u>responsible</u> for the trains being very late.

電車が（　　　　　　　　　　　　　　　　　　　　　　　　　　　）。

信頼できる、責任の重い

10 This work has to be put in the hands of a responsible person.

この仕事は（　　　　　　　　　　　　　　　　　　　　　　　　　　）。

11 She is in a very responsible position in her office.

彼女は（　　　　　　　　　　　　　　　　　　　　　　　　　　　　）。

【練習問題】

1 部屋の鉢植えの世話は私の受け持ちです。（h_____ p______）

I ____.

2 本の整理はだれがやることになっているの。
（k_______ the books in o______）

Who ____?

3 食べ物がだめなら湿気のせいだ。（w____ a____）

If ____.

4 肌荒れは乾燥が続いているせいですよ。（your r_____ s____）

The very ____.

5 彼は職場で責任の重い地位につけられた。

He ____.

29. possible -ly　ありうる

ありうる、起こりうる（It is possible that ... の形で）

1 It is possible that she is still living being about 100.

あの人が（　　　　　　　　　　　　　　　　　　　　　　　　）。

2 You are still young. It is possible that you will still be living sixty years from now.

君はまだ（　　　　　　　　　　　　　　　　　　　　　　　　）。

3 It is not possible that we have snow in May here in Saitama.

埼玉で（　　　　　　　　　　　　　　　　　　　　　　　　）。

4 It is quite possible that there will be war in East Asia before long.

東アジアで（　　　　　　　　　　　　　　　　　　　　　　　　）。

5 It is possible that Mt. Fuji will be burning again within a year.

一年以内に（　　　　　　　　　　　　　　　　　　　　　　　　）。

可能な、できる（It is possible for ... to ... の形で）

6 It is possible to make a jump down from the second floor.

2 階から（　　　　　　　　　　　　　　　　　　　　　　　　）。

7 It is not possible to make a jump down without damage from the second floor.

2 階から（　　　　　　　　　　　　　　　　　　　　　　　　）。

8 It is possible for some persons to keep from breathing over five minutes.

息を（　　　　　　　　　　　　　　　　　　　　　　　　）。

9 It is not possible for you to go through this book in one day.

あなたが（　　　　　　　　　　　　　　　　　　　　　　　　）。

10 It is not possible to be free from every sort of noise.

あらゆる（　　　　　　　　　　　　　　　　　　　　　　　　）。

Word Group: as ... as possible　できるだけ…に

11 She gave a cry for help as loudly as possible.

助けを（　　　　　　　　　　　　　　　　　　　　　　　　　　　　　）。

12 He took his seat as far away from the others as possible.

他の人から（　　　　　　　　　　　　　　　　　　　　　　　　　　　）。

【練習問題】

1 私はそろそろ60歳です。50年後に生きていることはありえません。

（w___ be sixty b______ l___）

I ____.

It ____.

2 彼が酒もたばこもやめることはありうる。（g____ up s_______ and d_______）

It ____.

3 1時間、片足立ちするのは不可能です。（be b________ on one l____）

It ____.

4 この論文を二三日で読むのは私には無理。（p_______）

It ____.

5 心配や悩みなしでいるなんて不可能だ。（c____ and t_______）

It ____.

30. good / bad -ly 目的にかなう／かなわない

よい、楽しい ／ 悪い、不快な

1 We had a good time playing on the sand by the seaside.

海辺の（ ）。

2 I had a bad time yesterday. I was down all day with a bad cold.

きのうは（ ）。

3 You are a bad boy to be cruel to a dog.

犬を（ ）。

4 A bad smell was coming from somewhere in the bathroom.

浴室の（ ）。

5 You have been very good to me for years.

長年、（ ）。

6 The milk will be bad tomorrow in this heat.

こんなに（ ）。

適した／適さない（good / bad for ... の形で）

7 It is a good day for washing and airing.

きょうは（ ）。

8 The ticket is good for another three days.

切符は（ ）。

9 This water is bad for drinking.

この（ ）。

うまい／へた（good / bad at ... の形で）

10 My son is good at cooking, specially in Chinese way.

息子は（ ）。

11 I am <u>bad</u> at sports. I am not quick in my motions.

スポーツは（　　　　　　　　　　　　　　　　　　　　　　　　　　　　　）。

十分、たっぷり

12 Give your hands a <u>good</u> wash with soap before meals.

食事の（　　　　　　　　　　　　　　　　　　　　　　　　　　　　　　）。

13 I had a <u>good</u> rest after working five hours without a stop.

5 時間（　　　　　　　　　　　　　　　　　　　　　　　　　　　　　　）。

14 The town is a <u>good</u> five kilometers from here.

町は（　　　　　　　　　　　　　　　　　　　　　　　　　　　　　　　）。

【練習問題】

1 庭のどこかからよい香りがしていた。

A ____.

2 きょうは<u>布団干し</u>日よりだ。（a______ the b_______ ）

It ____.

3 ぼくは<u>文章を暗記する</u>のが得意です。（g______ a bit of w_______ by h_____ ）

I ____.

4 寝る前に<u>よく歯をみがき</u>なさい。（a good b______ ）

Give ____.

5 彼女はたっぷり 5 分間は<u>泣き続けた</u>。（k____ c_______ ）

She ____.

31. **bright** -ly / **dark** -ly 光っている／光がない

明るい／暗い

1 In summer it is still bright at six p.m.　夏は（　　　　　　　　　　　　）。

2 Stars were much brighter at night when I was very young.
こどものころ（　　　　　　　　　　　　）。

3 On a bright day I have a good time walking down the river going near my place.
晴れた（　　　　　　　　　　　　）。

4 The north-facing rooms are darker and colder.
北向きの（　　　　　　　　　　　　）。

5 The windows of the houses were very bright on the dark streets.
家々の（　　　　　　　　　　　　）。

あざやかな／黒っぽい

6 My new coat is dark blue with a gray collar.
今度のコートは（　　　　　　　　　　　　）。

7 Leaves on the trees are bright green in the spring.
春は（　　　　　　　　　　　　）。

8 She has a dark skin and black hair.　彼女は（　　　　　　　　　　　　）。

9 She is dressed darkly at all times.　いつも（　　　　　　　　　　　　）。

利口な、快活な／陰気な、憂うつな

10 Her son is a bright boy with a bright future before him.
あの人の（　　　　　　　　　　　　）。

11 Bright ideas came to me one after another while I was walking.
散歩していたら（　　　　　　　　　　　　）。

12 His face went <u>dark</u> on seeing me.

私を（　　　　　　　　　　　　　　　　　　　　　　　　　　　　　　　　）。

Word Group: in the dark　1 暗闇で　2 知らされてない

13 Some animals are able to see <u>in the dark</u>.

動物の（　　　　　　　　　　　　　　　　　　　　　　　　　　　　　　）。

14 Mother keeps me <u>in the dark</u> about something important.

母は私に（　　　　　　　　　　　　　　　　　　　　　　　　　　　　）。

【練習問題】

1 こどものころ、街は夜ずっと暗かった。

Streets ____.

2 南向きの部屋はずっと明るくて暖かい。

The ____.

3 私の新しいドレスは濃い緑色でえりは焦げ茶色だ。

My ____.

4 彼の娘はたいへん頭のよい子で将来有望です。

His ____.

5 <u>入浴中に</u>いい考えが次々わいてきた。（h______ a b____ ）

Bright ____.

32. *true* un-, -ly / *false* -ly 見たとおり／見せかけ

ほんとうの／うその

1 Is it <u>true</u> that you are married again?

あなたが（　　　　　　　　　　　　　　　　　　　　　　　　　　　　　）。

2 Most persons have some <u>false</u> ideas about Islam.

ほとんどの（　　　　　　　　　　　　　　　　　　　　　　　　　　　　　）。

3 She gave us a <u>false</u> story to make her seem better.

自分を（　　　　　　　　　　　　　　　　　　　　　　　　　　　　　）。

裏切らない／裏切る

4 She is sometimes <u>false</u> to her word.

あの人約束を（　　　　　　　　　　　　　　　　　　　　　　　　　　　）。

5 It is important to be <u>true</u> to yourself.

大切なのは（　　　　　　　　　　　　　　　　　　　　　　　　　　　）。

6 It is almost impossible for anybody to have <u>true</u> friends.

ほんとうの（　　　　　　　　　　　　　　　　　　　　　　　　　　　）。

7 His secret was let out by a <u>false</u> friend he had belief in.

彼の秘密が（　　　　　　　　　　　　　　　　　　　　　　　　　　　）。

8 I am not certain that my lover has been <u>true</u> to me.

恋人が（　　　　　　　　　　　　　　　　　　　　　　　　　　　　　）。

9 She is <u>false</u> to her boyfriend, going out with some other boys.

その子は（　　　　　　　　　　　　　　　　　　　　　　　　　　　　）。

本物の／偽の

10 He has his <u>false</u> hair on.　あの人（　　　　　　　　　　　　　　　　　　　）。

11 I put in my <u>false</u> teeth for a meal.　食事なので（　　　　　　　　　　　　　）。

12 Making <u>false</u> money is a serious crime.

にせの（　　　　　　　　　　　　　　　　　　　　　　　　　　）。

13 He is the owner of a <u>true</u> Renoir.

ルノワールの（　　　　　　　　　　　　　　　　　　　　　　　　）。

14 She has been living under a <u>false</u> name for years.

彼女は何年も（　　　　　　　　　　　　　　　　　　　　　　　　）。

Word Group: come true　実現する

15 None of the hopes I had in my younger days has <u>come true</u>.

若い頃の（　　　　　　　　　　　　　　　　　　　　　　　　　　）。

【練習問題】

1 彼女が<u>離婚した</u>っていうのは本当かい。（ n__ longer m______ ）

Is ____?

2 彼は<u>いつでも</u>約束を守る。（ at a___ t_____ ）

He ____.

3 裏切りは人の<u>常</u>。（ at any t_____ ）

Your friends may ____.

4 私は入れ歯をはずして<u>よく洗った</u>。（ g____ them a good w_____ ）

I ____.

5 彼の若い頃の夢はほとんど実現した。

Most ____.

33. *tight* -ly / *loose* -ly　ぴっちり／ゆるゆる

きつい、堅い／ゆるい、ほどけた

1 A button has come loose through much use.

ボタンが一つ（　　　　　　　　　　　　　　　　　　　　　　　　　　　　　）。

2 The knot in the cord was so tight that I was unable to get it loose.

結び目が（　　　　　　　　　　　　　　　　　　　　　　　　　　　　　　　）。

3 He is over eighty, but he still has tight teeth.

あの人（　　　　　　　　　　　　　　　　　　　　　　　　　　　　　　　　）。

4 Her skin was loose round the neck from her years.

彼女の（　　　　　　　　　　　　　　　　　　　　　　　　　　　　　　　　）。

5 A boat got loose in the strong wind last night.

夕べの（　　　　　　　　　　　　　　　　　　　　　　　　　　　　　　　　）。

6 This is a loose button from my shirt.

これは（　　　　　　　　　　　　　　　　　　　　　　　　　　　　　　　　）。

ぴったり、窮屈／ゆったり、だぶだぶ

7 These trousers are a little loose at the knees.

このズボンは（　　　　　　　　　　　　　　　　　　　　　　　　　　　　　）。

8 Walking on, I had a feeling that my shoes were getting tighter.

歩き続けたら（　　　　　　　　　　　　　　　　　　　　　　　　　　　　　）。

9 I am happy in loose clothing.　ゆったり（　　　　　　　　　　　　　　　　）。

詰まった、余裕のない／ばらの、しまりのない

10 Money is tight this week.　今週は（　　　　　　　　　　　　　　　　　　　）。

11 I keep small change loose in my pocket, not in a money bag.

小銭は（　　　　　　　　　　　　　　　　　　　　　　　　　　　　　　　　）。

12 I got these potatoes <u>loose</u>.　この（　　　　　　　　　　　　　　　　　　　　　）。

13 My tongue came <u>loose</u> under the effects of alcohol.

酒のせいで（　　　　　　　　　　　　　　　　　　　　　　　　　　）。

14 He gave a <u>loose</u> talk and made us tired.

彼は（　　　　　　　　　　　　　　　　　　　　　　　　　　　　　）。

【練習問題】

1 長年使われて<u>ねじ</u>が一本ゆるんでいる。（a s______）

A ____.

2 私は<u>前歯が一本ゆるんで</u>いる。（a l_____ t_____ in the f_____）

I ____.

3 この靴は<u>つま先</u>がちょっときつい。（t____）

These ____.

4 きょうは時間が厳しい。

Time ____.

5 この鉛筆、<u>ダースでなく</u>ばらで買った。（not b___ the d______）

I ____.

34. *wide* -ly / *narrow* -ly 幅が広い／幅が狭い

幅が広い／幅が狭い

1 The highway is very wide with a line of tall trees in the middle.

街道は（　　　　　　　　　　　　　　　　　　　　　　　　　　　　　　）。

2 The way through the wood is very narrow and is not for automobiles.

森を（　　　　　　　　　　　　　　　　　　　　　　　　　　　　　　）。

3 I got all the windows wide open for airing my rooms.

部屋に（　　　　　　　　　　　　　　　　　　　　　　　　　　　　　　）。

4 He has a narrow chest and does not seem strong.

胸の（　　　　　　　　　　　　　　　　　　　　　　　　　　　　　　）。

5 The narrow seat in the theater made me very unhappy.

劇場の（　　　　　　　　　　　　　　　　　　　　　　　　　　　　　　）。

範囲が広い／範囲が狭い

6 We had a wide view of the sea from the train.

列車から（　　　　　　　　　　　　　　　　　　　　　　　　　　　　　　）。

7 She has wide knowledge and a wide view of everything.

あの人は（　　　　　　　　　　　　　　　　　　　　　　　　　　　　　　）。

8 A person with narrow views is not right for the position.

視野の（　　　　　　　　　　　　　　　　　　　　　　　　　　　　　　）。

9 My mother was a woman of wide interests and had a wide circle of friends.

母は（　　　　　　　　　　　　　　　　　　　　　　　　　　　　　　）。

10 My father was a narrow man and had no interest outside his business.

父は（　　　　　　　　　　　　　　　　　　　　　　　　　　　　　　）。

大きくはずれて／かろうじて

11 The archer's stick went more than one meter <u>wide</u> of the mark.

矢は（　　　　　　　　　　　　　　　　　　　　　　　　　　　　　　）。

12 We were able to get <u>narrowly</u> out of the wood fire.

私たちは（　　　　　　　　　　　　　　　　　　　　　　　　　　　　）。

【練習問題】

1 その川に架かっている橋は狭くて荷車は通れない。

The ____.

2 服に風を通すために引き出しを全部開けた。

I ____.

3 ホテルのベッドが狭くて不快だった。

The ____.

4 母は無趣味な人で<u>家事</u>以外に関心はなかった。（h____ w____）

My ____

____.

5 ぼくの矢は全部、的から 30 センチ以上はずれた。

All ____.

35. ***private*** -ly / ***public*** -ly　個人の／みんなの

個人の、私有の／一般の、公共の

1 This is a private garden, but it is open to the public from 10 till 4.

ここは（　　　　　　　　　　　　　　　　　　　　　　　　　　　　）。

2 My mother is in hospital in a private room.

母は（　　　　　　　　　　　　　　　　　　　　　　　　　　　　　）。

3 All the rooms in this hotel have a private bathroom.

このホテルの（　　　　　　　　　　　　　　　　　　　　　　　　　）。

4 At one time there were public baths here and there in every great town.

昔は（　　　　　　　　　　　　　　　　　　　　　　　　　　　　　）。

5 The books in the public library are public property.

公立（　　　　　　　　　　　　　　　　　　　　　　　　　　　　　）。

6 He keeps a private handwriting school for boys and girls.

彼は（　　　　　　　　　　　　　　　　　　　　　　　　　　　　　）。

7 This town has a full network of public transport.

この町は（　　　　　　　　　　　　　　　　　　　　　　　　　　　）。

私的な、内密の／公開の、人前の

8 Let me have a private talk with you about it.

その件で（　　　　　　　　　　　　　　　　　　　　　　　　　　　）。

9 Let's go to a place where it is less public.

もうちょっと（　　　　　　　　　　　　　　　　　　　　　　　　　）。

10 This is not my private opinion, but the law.

これは（　　　　　　　　　　　　　　　　　　　　　　　　　　　　）。

11 My son is old enough to have a drink and smoke in public.

息子はもう（　　　　　　　　　　　　　　　　　　　　　　　　　　）。

12 None of Henry's works were made public till after his death.

ヘンリーの（　　　　　　　　　　　　　　　　　　　　　　　　　　　　）。

13 Mr. Sato and I were in the same office for years, but I had nothing to do with him privately.

佐藤さんとは（　　　　　　　　　　　　　　　　　　　　　　　　　　　）。

【練習問題】

1 父は老人ホームの個室に入っています。（an o___ p______s' house）

Father ____.

2 昔はどこの街にも公衆電話があちこちにあった。

At ____

____.

3 母はおとな向けの画塾を開いている。（a p______ a___ s_______）

My ____.

4 ぼくは人前ではたばこを吸いません。

I ____.

5 あの子はこっそり飲酒、喫煙をしているようだ。（s______ t___）

She ____.

36. about　あたり

…のまわりに

1 There are high brick walls <u>about</u> the prison.

刑務所の（　　　　　　　　　　　　　　　　　　　　　　　　）。

2 There are tall trees <u>about</u> the house making it dark inside.

家の（　　　　　　　　　　　　　　　　　　　　　　　　）。

…のあちこち

3 Some boys and girls are running <u>about</u> in the open space.

こどもたちが（　　　　　　　　　　　　　　　　　　　　　　　　）。

4 I got <u>about</u> the town all day doing some marketing.

一日中（　　　　　　　　　　　　　　　　　　　　　　　　）。

5 There is no one <u>about</u> the streets at this late hour.

こんなに（　　　　　　　　　　　　　　　　　　　　　　　　）。

6 There were some tables and seats <u>about</u> in the room.

部屋の（　　　　　　　　　　　　　　　　　　　　　　　　）。

…について

7 On meeting someone we have a talk <u>about</u> the weather.

だれかに（　　　　　　　　　　　　　　　　　　　　　　　　）。

8 These are books <u>about</u> Soseki, not by Soseki.

これは（　　　　　　　　　　　　　　　　　　　　　　　　）。

9 “You seem very angry. What are you angry <u>about</u>?”

すごく（　　　　　　　　　　　　　　　　　　　　　　　　）。

およそ、約

10 From the deep lines round her eyes she is <u>about</u> sixty years old.

目の（　　　　　　　　　　　　　　　　　　　　　　　　　　）。

11 The tree is <u>about</u> as high as a five-floor building.

その木は（　　　　　　　　　　　　　　　　　　　　　　　　）。

【練習問題】

1 家のまわりは低い<u>土塀</u>になっている。（e_____ w_____）

There ____.

2 写真を撮りながら<u>半日</u>、街を歩き回った。（h____ a d____）

I ____.

3 床のあちこちに<u>とじてない書類</u>が散らばっていた。（l_____ p______）

There ____.

4 すごくうれしそうじゃない。何かいいことあったの。

You ____?

5 <u>肌のシミ</u>から見て彼は 70 歳くらいかな。（the m______ on his s_____）

From ____.

37. across 十字に

…を横切って、交差して

1 I had a long walk across the field and through the woods.

野原を（　　　　　　　　　　　　　　　　　　　　　　　　）。

2 They are making a road over and across the railway.

線路を（　　　　　　　　　　　　　　　　　　　　　　　　）。

3 He was seated by the window with his legs across.

脚を（　　　　　　　　　　　　　　　　　　　　　　　　）。

4 The lines A and B go across one another at this point.

A 線と（　　　　　　　　　　　　　　　　　　　　　　　　）。

…の向こう側に

5 I am living across the street from you.

私の（　　　　　　　　　　　　　　　　　　　　　　　　）。

6 I took my seat across the table from her.

私は（　　　　　　　　　　　　　　　　　　　　　　　　）。

7 The airplane will be across the sea in two hours.

飛行機は（　　　　　　　　　　　　　　　　　　　　　　　　）。

さしわたし、幅

8 This round table is more than two meters across.

この（　　　　　　　　　　　　　　　　　　　　　　　　）。

9 The island is 10 km long, but it is only 2 km across.

島は（　　　　　　　　　　　　　　　　　　　　　　　　）。

Word Group: come across　偶然出会う、見つける

10 In the train I <u>came across</u> a woman I had been going out with.

電車内で昔（　　　　　　　　　　　　　　　　　　　　　　　　）。

11 I <u>came across</u> an old love letter to my mother in the drawer.

引き出しの（　　　　　　　　　　　　　　　　　　　　　　　　）。

【練習問題】

1 川の下をくぐる道路を造っています。

They ____.

2 その人は腕組みをして机に向かっていた。

The man ____.

3 彼女は部屋でドアと反対側に座った。

She ____.

4 その通りは幅が 5 メートル<u>もない</u>。（l____ than）

The street ____.

5 通りで昔つきあっていた男と出くわした。

In ____.

38. *after* あとにつづく

（時間・順番が）あとで、うしろに

1 I came across an old friend in the street <u>after</u> a long time.

通りで（　　　　　　　　　　　　　　　　　　　　　　　　）。

2 I will be back the day <u>after</u> tomorrow.

もどるのは（　　　　　　　　　　　　　　　　　　　　　　）。

3 We had a drink <u>after</u> dark at a beer garden.

日が（　　　　　　　　　　　　　　　　　　　　　　　　　）。

4 She came a minute <u>after</u> you had gone.

あなたが（　　　　　　　　　　　　　　　　　　　　　　　）。

5 What comes <u>after</u> K in ABCs?

アルファベットで（　　　　　　　　　　　　　　　　　　　）。

6 I saw some little girls going in a line one <u>after</u> another.

小さな（　　　　　　　　　　　　　　　　　　　　　　　　）。

7 I was tired out <u>after</u> a long walk in the burning sun.

長いこと（　　　　　　　　　　　　　　　　　　　　　　　）。

…を追って、求めて

8 The cat is going <u>after</u> a rat.

猫が（　　　　　　　　　　　　　　　　　　　　　　　　　）。

9 That is the girl he is going <u>after</u>.

あれが（　　　　　　　　　　　　　　　　　　　　　　　　）。

10 The police are <u>after</u> him for putting the woman to death.

警察は（　　　　　　　　　　　　　　　　　　　　　　　　）。

11 You are getting married to me <u>after</u> my money, aren't you?

私のお金が（　　　　　　　　　　　　　　　　　　　　　　）。

…したのに、したからには

12 After all her pains she was unable to get through the test.

いろいろ努力（　　　　　　　　　　　　　　　　　　　　　　　　）。

13 After what he said to me, I will have my eyes shut to him.

あんなことを（　　　　　　　　　　　　　　　　　　　　　　　　）。

【練習問題】

1 仕事帰りにガード下で一杯やった。（ u_____ the railroad b______ ）

I ____.

2 アルファベットで T の後ろに来るのは何ですか。

What ____?

3 蟻が一列になって進んでいた。（ ants ）

I saw ____.

4 警察は金をだまし取った容疑で彼を追っています。

（ t_______ someone out of his m______ ）

The police ____.

5 あんなことをされたからにはもう彼女と口はきかない。

（ h_____ my m______ s_____ to her ）

After ____.

39. *against* 対立

…に逆らって、反して

1 It was very hard walking <u>against</u> the violent wind.

猛烈な（　　　　　　　　　　　　　　　　　　　　　　　　　　　）。

2 Fishing in this river at this time of year is <u>against</u> the law.

この川で（　　　　　　　　　　　　　　　　　　　　　　　　　　）。

3 The girl was put to bed <u>against</u> her desire.

女の子は（　　　　　　　　　　　　　　　　　　　　　　　　　　）。

4 She seems to have a feeling <u>against</u> me.

あの人（　　　　　　　　　　　　　　　　　　　　　　　　　　　）。

5 Are you <u>against</u> my opinion?

私の（　　　　　　　　　　　　　　　　　　　　　　　　　　　　）。

…にもたれて、押し当てて

6 The old man was resting <u>against</u> the stem of a tree.

老人は（　　　　　　　　　　　　　　　　　　　　　　　　　　　）。

7 She put her arms round my neck with her face <u>against</u> my chest.

彼女は（　　　　　　　　　　　　　　　　　　　　　　　　　　　）。

8 I put my ear <u>against</u> the door, but no sound came from inside.

ドアに（　　　　　　　　　　　　　　　　　　　　　　　　　　　）。

…と対比して

9 The red and yellow leaves were very beautiful <u>against</u> the blue sky.

赤や（　　　　　　　　　　　　　　　　　　　　　　　　　　　　）。

10 His white shirt was looking very good <u>against</u> his sunburned skin.

日焼けした（　　　　　　　　　　　　　　　　　　　　　　　　　）。

…に備えて

11 All the automobiles had chains on <u>against</u> a snowfall.

車がどれも（　　　　　　　　　　　　　　　　　　　　　　　　）。

12 I put the flowerpots inside the house <u>against</u> violent wind.

鉢植えを（　　　　　　　　　　　　　　　　　　　　　　　　）。

13 I have not enough money <u>against</u> my old days.

老後に（　　　　　　　　　　　　　　　　　　　　　　　　）。

【練習問題】

1 船は<u>海流</u>に逆らって進んでいる。（the s____ c______）

The ____.

2 彼女は鈴木さんのことが<u>大</u>嫌いみたいだ。（s______）

She ____.

3 壁に<u>はしご</u>を立てかけて<u>越えようと</u>した。（s_____; to g___ o___ it by）

I ____.

4 <u>雪に覆われた</u>山々が青空に映えてとてもきれいだった。（s____-c_______）

The ____.

5 <u>嵐</u>に備えて<u>合羽</u>を持って行った。（a r____c____; rough w_______）

I took ____.

40. *among* まじっている

…に囲まれて、まじって

1 My house is in a small land <u>among</u> other houses.

私の家は（　　　　　　　　　　　　　　　　　　　　）。

2 My birthplace is in a basin <u>among</u> low mountains.

故郷は（　　　　　　　　　　　　　　　　　　　　）。

3 She is all the time <u>among</u> friends.

あの子は（　　　　　　　　　　　　　　　　　　　　）。

4 When cleaning up the drawers, I came across a ¥10,000 note <u>among</u> other papers.

引き出しを（　　　　　　　　　　　　　　　　　　　　）。

…の間に、間で

5 Who is the oldest <u>among</u> you?　君たちの（　　　　　　　　　　）。

6 The writer's works are highly valued <u>among</u> the young.

その作家の（　　　　　　　　　　　　　　　　　　　　）。

7 The outlaws made a division of the dirty money <u>among</u> them.

盗賊たちは（　　　　　　　　　　　　　　　　　　　　）。

8 We had not enough money <u>among</u> us for a good drink.

たっぷり（　　　　　　　　　　　　　　　　　　　　）。

…の一つ、一人

9 Hotaka is <u>among</u> the highest mountains in Japan.

穂高岳は（　　　　　　　　　　　　　　　　　　　　）。

10 He is <u>among</u> the best runners in our school.

あの子は（　　　　　　　　　　　　　　　　　　　　）。

11 My father and mother are now among the dead.

両親はすでに（　　　　　　　　　　　　　　　　　　　　　　　　）。

Word Group: among others　とりわけ、特に

12 “Are you a drinker?”　“Yes. I have love for beer among others.”

お酒は飲みますか？　はい、（　　　　　　　　　　　　　　　　　　）。

13 “Are you a sweets lover?”　“Yes. Chocolate among others.”

甘いもの（　　　　　　　　　　　　　　　　　　　　　　　　　　）。

【練習問題】

1 私の家は木に囲まれた傾斜地にある。（ a s______ l____ ）

My ____.

2 その作曲家の作品は年配者に高く評価されている。

（ m_____ w______; the o____ ）

The ____.

3 秩父は関東で一番安全な街の一つです。（ the s______ t_____ ）

Chichibu ____.

4 私の同級生の何人かはもう亡くなっている。（ my g_____ at school ）

Some of ____.

5 読書好きですか？　はい。特に犯罪ものが。（ a b____ l_____ ; c______ stories ）

“Are ____?”

“Yes. ____.”

41. at 一点

…に、で

1 I was at the table doing some writing.

机に（ ）。

2 He was at the station to see his friends off.

友達を（ ）。

3 I make payment for the use of my house at the end of every month.

家賃を（ ）。

4 The train is now going at 250 km an hour.

列車は（ ）。

5 The lift came to a stop at the sixth floor.

エレベーターは（ ）。

6 She got married for the first time at sixty.

初めて（ ）。

7 I am living at 2-5-11, Honcho.

私は（ ）。

8 I got this camera at a very low price.

このカメラ（ ）。

…によって、を見て・聞いて

9 I put her to death at her request.

殺したのは（ ）。

10 The girl gave a sharp cry at seeing the snake.

女の子は（ ）。

11 This machine will go at a touch from you.

あなたが（ ）。

…に向けて、めがけて

12 She gave a look <u>at</u> her watch secretly.

時計を（　　　　　　　　　　　　　　　　　　　　　　　　　　　）。

13 I sent a stone <u>at</u> the crying dog.

石を（　　　　　　　　　　　　　　　　　　　　　　　　　　　）。

14 He was pointing his gun <u>at</u> us.

彼は（　　　　　　　　　　　　　　　　　　　　　　　　　　　）。

【練習問題】

1 私は娘を<u>出迎えに</u>バス停にいました。（for m______ my d_______）

I ____.

2 私は元町 3-5-12 に住んでいます。

I ____.

3 この<u>写真集</u>は高かったよ。（b____ of p______）

I ____.

4 彼らはその知らせに<u>歓声</u>を上げた。（a c___ of p_______）

They ____.

5 先生はその子に<u>チョーク</u>を投げつけた。（a b___ of c_____）

The teacher ____.

42. *before* 先に

…の前に（時間、順番）

1 I got up at four a.m. before daylight.

明るく（　　　　　　　　　　　　　　　　　　　　）。

2 What were you doing the day before yesterday?

あなたは（　　　　　　　　　　　　　　　　　　　　）。

3 I have two cups of milk tea before my first meal.

朝食の（　　　　　　　　　　　　　　　　　　　　）。

4 Let us get back before the rain comes.

雨が（　　　　　　　　　　　　　　　　　　　　）。

5 Give a look right and left before going across the street.

道を（　　　　　　　　　　　　　　　　　　　　）。

…より先に（順位）

6 Money comes before everything naturally.

当然（　　　　　　　　　　　　　　　　　　　　）。

7 Aki came before others in the competition among the beautiful.

あきが（　　　　　　　　　　　　　　　　　　　　）。

8 Japan is before other countries in space science.

宇宙科学では（　　　　　　　　　　　　　　　　　　　　）。

（人の）前に

9 I have never come before the judge for anything.

裁判官の（　　　　　　　　　　　　　　　　　　　　）。

10 We have only three days before us to get through the work.

その仕事を（　　　　　　　　　　　　　　　　　　　　）。

11 I have a dark future <u>before</u> me.

私の（　　　　　　　　　　　　　　　　　　　　　　　　　）。

12 Being over seventy, I have only a small number of days <u>before</u> me.

70 歳を（　　　　　　　　　　　　　　　　　　　　　　　　）。

Word Group: before long　やがて、まもなく

13 I will certainly be put under the earth <u>before long</u>.

きっと（　　　　　　　　　　　　　　　　　　　　　　　　）。

【練習問題】

1 <u>暗くなる前に</u>一杯やった。（ b_____ d_____ ）

I ____.

2 <u>一昨日の夜</u>、何をしていたの。（ the night b_____ l____ ）

What ____?

3 ぼくには当然、<u>彼女</u>がいちばんだいじ。（ s_____ h_____ ）

My ____.

4 <u>論文</u>を完成するのにあと 2 週間しかありません。（ p_____ ）

I ____.

5 私なんかもう<u>夢も希望もありません</u>。（ n___ happy f_____ ）

I ____.

43. by たよっている

…のそばに、そばを

1 There are some flowerpots in the sun by the window.

窓の（ ）。

2 I go by her house on my way to and back from school with my heart going quick.

学校の（ ）。

3 Watching trains go by is a pleasure.　電車が（ ）。

4 Twenty years have gone by after I came to this town.

この町に（ ）。

…によって

5 I had the book sent to me by post.　その本を（ ）。

6 My mother's brother went to America fifty years back by water and came back last year by air.

おじは 50 年前に（ ）。

7 The cat was smashed by an automobile.

猫は（ ）。

8 I was troubled by some flies while having a meal.

食事中（ ）。

…までに

9 I will get through the work by this time tomorrow.

あしたの（ ）。

10 The train had gone by the time we got to the station.

駅に（ ）。

…の差で

11 I was late for the train by five minutes.

電車に（　　　　　　　　　　　　　　　　　　　　　　　　　　　　　　）。

12 She is taller than I by a head.

彼女は（　　　　　　　　　　　　　　　　　　　　　　　　　　　　　　）。

Word Group: little by little　少しずつ

13 Days are getting longer little by little.

日が（　　　　　　　　　　　　　　　　　　　　　　　　　　　　　　　）。

【練習問題】

1 壁ぎわにクッションのある椅子が並んでいる。（ c_______ seats ）

There ____.

2 光陰矢のごとし。（ v____ q______ ）

Time ____.

3 夜どおし蚊に悩まされた。（ a___ night l____ ）

I ____.

4 私が家に着いたときには彼は出かけてしまっていた。

He ____.

5 その馬は首差で一着になった。（ g___ the f____ p____ ）

The ____.

44. over こえて

…の真上

1 There was a sunshade <u>over</u> the table.　テーブルの（　　　　　　　　　　　　　　　　）。

2 I got the fish cooked <u>over</u> the fire.　魚を（　　　　　　　　　　　　　　　　　　　）。

3 The light <u>over</u> our heads was going on and off.

頭の（　　　　　　　　　　　　　　　　　　　　　　　　　　　　　　　　　　　　）。

…をおおって

4 Put a cover <u>over</u> the meat to keep off flies.

ハエが（　　　　　　　　　　　　　　　　　　　　　　　　　　　　　　　　　　）。

5 He put his hands <u>over</u> his ears against the great noise.

轟音に（　　　　　　　　　　　　　　　　　　　　　　　　　　　　　　　　　　）。

…を越えて

6 A ball was sent from <u>over</u> the wall.　ボールが（　　　　　　　　　　　　　　　　　）。

7 The dog gave a jump <u>over</u> the water.

犬は（　　　　　　　　　　　　　　　　　　　　　　　　　　　　　　　　　　　）。

…以上；余って

8 We were talking on the telephone <u>over</u> two hours.

私たちは（　　　　　　　　　　　　　　　　　　　　　　　　　　　　　　　　）。

9 There is a cake for everyone and two <u>over</u>.

お菓子は（　　　　　　　　　　　　　　　　　　　　　　　　　　　　　　　　）。

終わって

10 The meeting will be <u>over</u> before dark.　会議は（　　　　　　　　　　　　　　　　　）。

倒れて、ひっくり返して

11 He gave a kick and sent the bucket <u>over</u>.

バケツを（　　　　　　　　　　　　　　　　　　　　　　　　　）。

12 The wind is turning <u>over</u> the pages of the book.

風で（　　　　　　　　　　　　　　　　　　　　　　　　　　　）。

Word Group: over and over　何度もくりかえして

13 I got the writing by heart reading it <u>over and over</u>.

その文章を（　　　　　　　　　　　　　　　　　　　　　　　　）。

【練習問題】

1 頭の上の<u>天井にひび割れ</u>があった。（ a c_____ in the i_____ r____ ）

There ____.

2 彼女は<u>笑いをこらえようと</u>口を手でおおった。（ to k____ from l_______ ）

She ____.

3 彼は年に 1000 万円以上<u>かせぐ</u>。（ m_____ ）

He ____.

4 飲み会は真夜中までに終わらない。

Drinks ____.

5 彼女はいすをけたおした。

She ____.

45. *through*　通りぬけている

…を通りぬけて、の間ずっと

1 There is a narrow, twisting road through the wood.

森を（　　　　　　　　　　　　　　　　　　　　　　）。

2 Rain is coming in through a hole in the roof.

屋根の（　　　　　　　　　　　　　　　　　　　　　）。

3 I was up all through the night working hard for the test.

私は（　　　　　　　　　　　　　　　　　　　　　　）。

4 Her voice came clearly to my ears through the noises in the station.

駅の（　　　　　　　　　　　　　　　　　　　　　　）。

終えて、使い切って、体験して

5 Are you through with your meal?

食事は（　　　　　　　　　　　　　　　　　　　　　）。

6 She has not got through high school.

まだ（　　　　　　　　　　　　　　　　　　　　　　）。

7 I took a rest when I was halfway through the book.

その本を（　　　　　　　　　　　　　　　　　　　　）。

8 He got through all his money in one day at cards.

賭けトランプで（　　　　　　　　　　　　　　　　　）。

9 The unmarried mother, with her little ones, have gone through all sorts of troubles.

その未婚の（　　　　　　　　　　　　　　　　　　　）。

…を通して、によって

10 I had a talk with her <u>through</u> a two-language expert.

その人と（　　　　　　　　　　　　　　　　　　　　　　　　　　　　）。

11 I got the news of the writer's death <u>through</u> a man going by.

その作家が（　　　　　　　　　　　　　　　　　　　　　　　　　　　）。

12 The star may be seen only <u>through</u> a long-distance glass.

その星は（　　　　　　　　　　　　　　　　　　　　　　　　　　　　）。

【練習問題】

1 私は壁の穴から<u>中をのぞいた</u>。（g____ a l____ in）

I ____.

2 彼女は一週間ずっと<u>家を空けて</u>いた。（a_____ from her h_____）

She ____.

3 彼の長い手紙を半分読んだところで休憩した。

I ____.

4 私は有り金を半日で<u>競馬に</u>使い果たした。（o__ the h______）

I ____.

5 その画家が死んだことを<u>お弟子さん</u>に聞いた。（a l_____ u____ him）

I ____.

46. *under* 下に

…の真下に、におおわれて

1 I got <u>under</u> a tall tree to keep from the sun.

日射しを（　　　　　　　　　　　　　　　　　　　　　　）。

2 I put a waving line in red <u>under</u> some important words.

重要な（　　　　　　　　　　　　　　　　　　　　　　）。

3 She had on a thick wool clothing <u>under</u> her coat.

コートの（　　　　　　　　　　　　　　　　　　　　　　）。

4 The cat got <u>under</u> my bed-clothing.

猫は（　　　　　　　　　　　　　　　　　　　　　　）。

5 After the rain the town was <u>under</u> water for some days.

雨の（　　　　　　　　　　　　　　　　　　　　　　）。

…未満、より下

6 There were <u>under</u> ten persons in the waiting room.

待合室には（　　　　　　　　　　　　　　　　　　　　　　）。

7 This playroom is for boys and girls <u>under</u> six years old.

この（　　　　　　　　　　　　　　　　　　　　　　）。

8 He is still <u>under</u> seventy though he seems much older.

見かけは（　　　　　　　　　　　　　　　　　　　　　　）。

9 I was <u>under</u> her in the last history test.

この前の（　　　　　　　　　　　　　　　　　　　　　　）。

…のもとで、を受けて

10 It is still impossible for us to keep weather <u>under</u> control.

天候を（　　　　　　　　　　　　　　　　　　　　　　）。

11 I have training in water-color painting under a first-rate teacher.

一流の（　　　　　　　　　　　　　　　　　　　　　　　　　　　　　　）。

12 Under the effects of alcohol he was acting against common sense.

酒の（　　　　　　　　　　　　　　　　　　　　　　　　　　　　　　　）。

13 The army was under fire from great guns.

軍隊は（　　　　　　　　　　　　　　　　　　　　　　　　　　　　　　）。

14 The writer does his writing under two pen names.

その作家は（　　　　　　　　　　　　　　　　　　　　　　　　　　　　）。

【練習問題】

1 ベッドの下から猫が出てきた。（ f____ u_____ ）

A ____.

2 町は今、雪に深く埋もれている。（ d_____ ）

The ____.

3 次の電車が 5 分もしないうちに来ますよ。

Another ____.

4 その問題はまだ話し合い中です。（ u_____　d_________ ）

The ____.

5 その男は偽名を使って逃走中だ。（ is in f_____; f_____ names ）

The ____.

47. *with* ともにある

…といっしょに

1 I had no one to have a meal <u>with</u>.

食事を（　　　　　　　　　　　　　　　　　　　　　　　　　　　）。

2 She was having a cake <u>with</u> coffee.

コーヒー（　　　　　　　　　　　　　　　　　　　　　　　　　　）。

…のある

3 I had a room <u>with</u> a view at the hotel.

ホテルで（　　　　　　　　　　　　　　　　　　　　　　　　　　）。

4 She was in a coat <u>with</u> false pockets.

かざりの（　　　　　　　　　　　　　　　　　　　　　　　　　　）。

5 She is a person <u>with</u> no sense of humor.

あの人は（　　　　　　　　　　　　　　　　　　　　　　　　　　）。

…にして

6 I went to bed <u>with</u> my socks on.

靴下を（　　　　　　　　　　　　　　　　　　　　　　　　　　　）。

7 She was walking <u>with</u> her head down.

頭を（　　　　　　　　　　　　　　　　　　　　　　　　　　　　）。

8 He was away from the cooking room <u>with</u> the kettle over the flame.

やかんを（　　　　　　　　　　　　　　　　　　　　　　　　　　）。

…で

9 I gave him a blow on the head <u>with</u> a stick.

そいつの（　　　　　　　　　　　　　　　　　　　　　　　　　　）。

10 The garden was thickly covered <u>with</u> dead leaves.

庭は（　　　　　　　　　　　　　　　　　　　　　　　　　　　　）。

11 He was shaking <u>with</u> fear of the high place.

高い（　　　　　　　　　　　　　　　　　　　　　　　　　　　　）。

…と

12 I had angry words <u>with</u> her about small things.

ささいな（　　　　　　　　　　　　　　　　　　　　　　　　　　）。

13 Have you ever had any trouble <u>with</u> the police?

警察と（　　　　　　　　　　　　　　　　　　　　　　　　　　　）。

【練習問題】

1 <u>話し</u>相手が全然いなかった。（h____ a t____ ）

I ____.

2 ホテルで<u>バルコニー</u>のある部屋に泊まった。（a s_____ ）

I ____.

3 彼は<u>胸を張って</u>歩いていた。（w___ his c_____ o___ ）

He ____.

4 彼女は腕を組んで壁に<u>よりかかって</u>いた。（a______ ）

She ____.

5 池は<u>薄氷</u>で覆われていた。（t____ i___ ）

The water ____.

48. *for* 気持ちが向かっている

…のために、を求めて

1 We all have a great desire <u>for</u> money.

みんな（　　　　　　　　　　　　　　　　　　　　　　　　　　　　）。

2 We do not do our work only <u>for</u> money.

お金の（　　　　　　　　　　　　　　　　　　　　　　　　　　　　）。

3 I got the windows open <u>for</u> clean air.

きれいな（　　　　　　　　　　　　　　　　　　　　　　　　　　　）。

4 Will you get the seats ready <u>for</u> the teaching?

いすを（　　　　　　　　　　　　　　　　　　　　　　　　　　　　）。

…のための、行きの

5 This is a room <u>for</u> reading and writing.

この部屋は（　　　　　　　　　　　　　　　　　　　　　　　　　　）。

6 What is this knife <u>for</u>? It is <u>for</u> cutting bread.

このナイフは（　　　　　　　　　　　　　　　　　　　　　　　　　）。

7 I got up late that morning and had no time <u>for</u> a meal.

その朝（　　　　　　　　　　　　　　　　　　　　　　　　　　　　）。

8 I got some food and drink <u>for</u> tomorrow at the store.

お店で（　　　　　　　　　　　　　　　　　　　　　　　　　　　　）。

9 I got on a train <u>for</u> Osaka with a bag full of changes.

大阪行きの（　　　　　　　　　　　　　　　　　　　　　　　　　　）。

…とひきかえに、のかわりに

10 She got a TV <u>for</u> ¥10,000 at a secondhand store.

テレビを（　　　　　　　　　　　　　　　　　　　　　　　　　　　）。

11 He was using a wood box <u>for</u> a seat.

木箱を（　　　　　　　　　　　　　　　　　　　　　　　　　　　　　　　）。

12 The boy did the cooking <u>for</u> his mother who was ill.

その子は（　　　　　　　　　　　　　　　　　　　　　　　　　　　　　　）。

…によって、のせいで

13 The town in the highland is noted <u>for</u> its beautiful views.

その高原の（　　　　　　　　　　　　　　　　　　　　　　　　　　　　　）。

14 The teacher was angry with me <u>for</u> being late.

先生は（　　　　　　　　　　　　　　　　　　　　　　　　　　　　　　　）。

【練習問題】

1 私は<u>日射し</u>を浴びに部屋から出た。（d___l_____）

I ____.

2 この部屋は<u>木工</u>室です。（w____w_____）

This ____.

3 <u>ちょっと考え</u>させてください。（some t____ for t______）

Let me ____.

4 このドレス、古着屋で 5 千円で買ったの。

I ____.

5 その川沿いの町は<u>よい釣り場</u>で知られている。（g____ f______ p____）

The ____.

49. *of*　全体の一部

…の（距離）

1 My house is about a kilometer south <u>of</u> the station.

家は（　　　　　　　　　　　　　　　　　　　　　　　　　　　）。

2 She is living within five minutes' walk <u>of</u> my house.

あの人は（　　　　　　　　　　　　　　　　　　　　　　　　　）。

…の（一部分）

3 The arms <u>of</u> the seat have come loose.

いすの（　　　　　　　　　　　　　　　　　　　　　　　　　　）。

4 I am now reading the middle pages <u>of</u> the book.

その本の（　　　　　　　　　　　　　　　　　　　　　　　　　）。

5 There were bits <u>of</u> broken glass all over the floor.

ガラスの（　　　　　　　　　　　　　　　　　　　　　　　　　）。

…の（属性）

6 The smell <u>of</u> dirty socks is not sweet.

汚れた（　　　　　　　　　　　　　　　　　　　　　　　　　　）。

7 The ball was half the size <u>of</u> an egg.　ボールは（　　　　　　　　　　　　）。

8 The name <u>of</u> his new book is very uncommon.

彼の（　　　　　　　　　　　　　　　　　　　　　　　　　　　）。

9 I took the weight <u>of</u> the meat on a scale.

肉の（　　　　　　　　　　　　　　　　　　　　　　　　　　　）。

…の（材料、構成）

10 I have a house <u>of</u> six rooms.　6 部屋の（　　　　　　　　　　　　　　　）。

11 That wood house has a roof <u>of</u> thick skins of tree stems.

あの木造の（　　　　　　　　　　　　　　　　　　　　　　　　　　　　　　）。

12 There were small balls <u>of</u> air all over the water.

小さな（　　　　　　　　　　　　　　　　　　　　　　　　　　　　　　　　）。

…の（分量）

13 I put a drop <u>of</u> whisky in my tea.　お茶に（　　　　　　　　　　　　　　　）。

14 I had a glass <u>of</u> beer with potato cut and cooked.

刻んで（　　　　　　　　　　　　　　　　　　　　　　　　　　　　　　　　）。

【練習問題】

1 私の家は学校から 200 メートル西にあります。

My ____.

2 まだその本の<u>はじめの方</u>を読んでいます。（the f____ p_____ ）

I ____.

3 <u>しぼりたての</u>牛乳はいいにおいだ。（n____ ）

The ____.

4 その子はガラスの管で<u>シャボン玉を吹いて</u>いた。

（blowing b____ of a___ through a g____ p____ ）

The girl ____.

5 <u>酒場で</u>チーズを肴にウイスキーを 2 杯飲んだ。（a__ the b___ ）

I ____.

50. back -ed, -ing, -er うしろ

背、裏、奥

1 She came to have a bent <u>back</u> as she got older.

年を（　　　　　　　　　　　　　　　　　　　　　　　　　　　　　　　　）。

2 An insect has six legs and no <u>back</u>bone.

昆虫は（　　　　　　　　　　　　　　　　　　　　　　　　　　　　　　　）。

3 There is a space for automobiles at the <u>back</u> of the store.

お店の（　　　　　　　　　　　　　　　　　　　　　　　　　　　　　　　）。

4 The box is in the <u>back</u> of the shelf.

箱は（　　　　　　　　　　　　　　　　　　　　　　　　　　　　　　　　）。

後ろの、裏の

5 Will you take these things to the <u>back</u> door, please?

この荷物（　　　　　　　　　　　　　　　　　　　　　　　　　　　　　　）。

6 I took a <u>back</u> seat in the theater away from other persons.

劇場で（　　　　　　　　　　　　　　　　　　　　　　　　　　　　　　　）。

7 It is not safe to be in the <u>back</u> street after dark.

暗く（　　　　　　　　　　　　　　　　　　　　　　　　　　　　　　　　）。

元に、（今から）…前に

8 I will give the money <u>back</u> to you within ten days.

このお金は（　　　　　　　　　　　　　　　　　　　　　　　　　　　　　）。

9 Put the book <u>back</u> where it was, please.

本を（　　　　　　　　　　　　　　　　　　　　　　　　　　　　　　　　）。

10 He went <u>back</u> to smoking again.

彼はまた（　　　　　　　　　　　　　　　　　　　　　　　　　　　　　　）。

11 I came across one of my group at high school some days back.

私は（　　　　　　　　　　　　　　　　　　　　　　　　　　）。

裏打ちする、バックさせる

12 I got the old map backed with strong paper.

その古い（　　　　　　　　　　　　　　　　　　　　　　　　）。

13 The driver is backing his automobile into its place.

運転手は（　　　　　　　　　　　　　　　　　　　　　　　　）。

【練習問題】

1 銀行の裏に小さな公園がある。（g______）

There ____.

2 後ろの方の席は全部ふさがっていた。（had b____ t_____）

All the ____.

3 その裏通りは日が暮れる前でも危ない。（e____ b_____ d____）

It ____.

4 この本は一月以内に返します。

I ____.

5 運転手は車をバックさせて車庫から出している。

The driver ____.

51. ***head*** -ed, -ing, -er 　いちばん上

頭

1 Don't put your head out of the window.

窓から（　　　　　　　　　　　　　　　　　　　　　　　　　）。

2 She was on her back with her head resting on a cushion.

クッションを（　　　　　　　　　　　　　　　　　　　　　　）。

頭の部分

3 The stick has a round head like a small ball.

杖の（　　　　　　　　　　　　　　　　　　　　　　　　　　）。

4 I put a cushion at the head of the bed.

ベッドの（　　　　　　　　　　　　　　　　　　　　　　　　）。

5 The boy had a fall from the head of the steps.

その子は（　　　　　　　　　　　　　　　　　　　　　　　　）。

6 A man with a flag was at the head of the line of persons.

旗を（　　　　　　　　　　　　　　　　　　　　　　　　　　）。

7 We went up the river first by boat and then on foot to its head.

はじめはボートで（　　　　　　　　　　　　　　　　　　　　）。

8 He made the beautiful head on a glass of beer.

彼は（　　　　　　　　　　　　　　　　　　　　　　　　　　）。

（集団の）長

9 The business of a company is controlled by its head.

会社の（　　　　　　　　　　　　　　　　　　　　　　　　　）。

10 We have the head office of our company in Osaka.

わが社の（　　　　　　　　　　　　　　　　　　　　　　　　）。

ページのいちばん上、見出し

11 I put the number of the day and month at the head of the notepaper.

便せんの（　　　　　　　　　　　　　　　　　　　　　　　　　　）。

12 I was only reading the headings in the newspaper.

新聞の（　　　　　　　　　　　　　　　　　　　　　　　　　　）。

Word Group: off one's head　気が違って

13 Isn't he off his head to say such a thing to you?

そんなことを（　　　　　　　　　　　　　　　　　　　　　　　　）。

【練習問題】

1 その袋に頭を突っ込んではいけない。

Don't ____.

2 彼は頭を腕にのせて腹ばいになっていた。（ o___ his s_______ ）

He ____.

3 車は崖のてっぺんから転落した。（ s_____ slope ）

The automobile ____.

4 本社はどこにあるんですか。

Where ____?

5 そんな男と結婚するなんて気が変なんじゃない。（ g___ m_____ to ）

Isn't ____?

52. *face* -ed, -ing, -er 

顔、表情

1 He has a long, narrow face with deep lines.

顔は（　　　　　　　　　　　　　　　　　　　　　　　　　）。

2 She said, 'Hello!' to me with a bright smile on her face.

彼女は（　　　　　　　　　　　　　　　　　　　　　　　　）。

3 He put on a sad face at the news of the unhappy event.

不幸な（　　　　　　　　　　　　　　　　　　　　　　　　）。

表面

4 We see forms of rabbits on the face of the moon.

月の（　　　　　　　　　　　　　　　　　　　　　　　　　）。

5 There is so much chalk dust on the face of the board.

黒板の（　　　　　　　　　　　　　　　　　　　　　　　　）。

6 The stone is round with a rough face.

石は（　　　　　　　　　　　　　　　　　　　　　　　　　）。

7 The slopes at the sides of the river are faced with stone.

川の土手は（　　　　　　　　　　　　　　　　　　　　　　）。

面している、直面する

8 I was on the stage facing a great number of persons.

ステージに（　　　　　　　　　　　　　　　　　　　　　　）。

9 We had a room facing the sea at the hotel.

ホテルでは（　　　　　　　　　　　　　　　　　　　　　　）。

10 My office is in the building facing the station across the square.

私の会社は（　　　　　　　　　　　　　　　　　　　　　　）。

11 I am now facing the greatest trouble I have ever had.
これまでで（　　　　　　　　　　　　　　　　　　　　　　　　　　　）。

Word Groups: make a face　顔をしかめる
face up / down　表を上／下にして

12 The boys and girls made a face together at their teacher.
こどもたちは（　　　　　　　　　　　　　　　　　　　　　　　　　）。

13 The girl put her answer paper face down on the teacher's table.
答案を（　　　　　　　　　　　　　　　　　　　　　　　　　　　　）。

【練習問題】

1 彼女は丸顔でしわがない。（a r____ f____）

She ____.

2 時計の文字盤にハエが一匹とまっていた。

I ____.

3 石は平たくて表面がすべすべしている。（f_____ ; s______）

The stone ____.

4 私の会社は通りを隔てて消防署に面したビルの中だ。（the f____ s______）

My ____.

5 その猿は歯をむき出して私たちにしかめ面をした。（w____ its teeth o____）

The monkey ____.

53. *hand* -ed, -ing, -er 手ですること

手、（時計などの）針

1 She put her hand up at the teacher's question.

先生の質問に（　　　　　　　　　　　　　　　　　　　　　　）。

2 The very poor man put his hand out to me for small money.

乞食は（　　　　　　　　　　　　　　　　　　　　　　）。

3 The hand of the scale is pointing at 20 kilograms.

はかりの（　　　　　　　　　　　　　　　　　　　　　　）。

手渡す

4 The teacher is handing out test papers to her learners.

先生が（　　　　　　　　　　　　　　　　　　　　　　）。

5 A note was handed to him quietly under the table.

メモが（　　　　　　　　　　　　　　　　　　　　　　）。

手伝い

6 Will you give me a hand with these dirty plates?

皿を（　　　　　　　　　　　　　　　　　　　　　　）。

7 I gave her a hand in clearing the table.

テーブルの（　　　　　　　　　　　　　　　　　　　　　　）。

腕前

8 The teacher has a beautiful hand with boys and girls.

あの先生は（　　　　　　　　　　　　　　　　　　　　　　）。

9 Father is an old hand at gardening.

父は（　　　　　　　　　　　　　　　　　　　　　　）。

筆跡

10 Ichiyo's letters in brush are in a beautiful hand.

一葉の（　　　　　　　　　　　　　　　　　　　　　　　　　　　）。

11 There was some writing in a bad hand on the board.

黒板に（　　　　　　　　　　　　　　　　　　　　　　　　　　　）。

Word Group: handed down　伝えられている

12 The story Urashima has been handed down to us from very old days.

浦島太郎の（　　　　　　　　　　　　　　　　　　　　　　　　　）。

【練習問題】

1 私はおつりを受け取ろうと手を差し出した。（ my c______ ）

I ____.

2 このチラシ、駅前でもらった。（ ad p____ ）

This ____.

3 お母さんが夏休みの宿題を手伝ってくれた。（ the w____ for the s______ ）

Mother ____.

4 彼らが雪下ろしをするのを手伝った。（ c______ snow off the r____ ）

I ____.

5 はがきはへたくそな鉛筆書きだった。

The ____.

54. *foot*　いちばん下

足

1 She put her foot down on the little worm.

小さな（　　　　　　　　　　　　　　　　）。

2 I got an insect bite in the arch of my foot.

足の（　　　　　　　　　　　　　　　　）。

3 I put my bag at my feet in the train.

車内で（　　　　　　　　　　　　　　　　）。

4 There are some new footprints in the snow.

雪に（　　　　　　　　　　　　　　　　）。

いちばん下の部分

5 I saw a group of little yellow flowers at the foot of the tree.

木の（　　　　　　　　　　　　　　　　）。

6 At the foot of the mountain is a Buddhist house with no person living in.

山の（　　　　　　　　　　　　　　　　）。

7 The ball came rolling down to the foot of the steps.

ボールが（　　　　　　　　　　　　　　　　）。

8 There are some footnotes at the foot of the page.

ページの（　　　　　　　　　　　　　　　　）。

最下位、末席

9 My boy is at the foot of his group in the school.

うちの子（　　　　　　　　　　　　　　　　）。

10 I took my seat at the foot of the table to get no attention.

人目を（　　　　　　　　　　　　　　　　）。

Word Groups: on foot　徒歩で　　on one's feet　立っている

11 Going anywhere on foot keeps you healthy.

どこへでも（　　　　　　　　　　　　　　　　　　　　　　　　　　）。

12 I have been on my feet all day.

きょうは（　　　　　　　　　　　　　　　　　　　　　　　　　　　）。

【練習問題】

1 足の裏を切っちゃった。（got a c____; the u____ s____）

I ____.

2 床に泥靴の足跡がいくつかあった。（d____ f________）

There ____.

3 猫はベッドの裾の方で丸くなっていた。（a______ its back）

The ____.

4 その坂の登り口に小さな木造の家がある。（h____ of w____）

At ____.

5 授業中は立ち続けです。（k____ on my f____; all t______ my t_______）

I ____.

55. *arm* -ed, -ing, -er　腕の力

腕

1 She got about in Ueno with a map under her arm.

地図を（　　　　　　　　　　　　　　）。

2 He had a design on the skin in the upper arm.

二の腕に（　　　　　　　　　　　　　　）。

3 I saw her walking on a strange man's arm.

見知らぬ（　　　　　　　　　　　　　　）。

4 When I was starting to go away, he took me by the arm.

立ち去ろうと（　　　　　　　　　　　　　　）。

腕に似た部分

5 I took up the seat by the arms.

いすの（　　　　　　　　　　　　　　）。

6 She was washing the plates with her shirt-arms rolled up.

シャツの（　　　　　　　　　　　　　　）。

武器、武装

7 The man gave up his arms when he had policemen all round him.

警官に（　　　　　　　　　　　　　　）。

8 Some countries are making more and more arms for use in war.

戦争に使う（　　　　　　　　　　　　　　）。

9 I saw some men in the street armed with blades and sticks.

通りに（　　　　　　　　　　　　　　）。

10 We were armed against the cold with thick coat and trousers.

厚い（　　　　　　　　　　　　　　）。

Word Group: arm in arm　腕を組んで

11 I was very happy walking arm in arm with him.

彼と（　　　　　　　　　　　　　　　　　　　　　　　　）。

【練習問題】

1 ぼくは雌牛の首に腕を回した。（ r_____ the c____'s n_____ ）

I ____.

2 めがねの蔓をつまんで取り上げた。

I ____.

3 彼はシャツの袖をまくり上げてビールを飲んでいた。

He ____.

4 私たちは敵に降伏した。（ to the o____ s____ ）

We ____.

5 警察官は警棒と拳銃で武装している。（ a s_____ and a h____g____ ）

A policeman ______________________________________.

56. *eye* -ed, -ing, -er　目ですること

目、視力

1 I got a bit of dust in my eye.　目に（　　　　　　　　　　　　　　　　　　　　　　　　）。

2 I was reading the book with my eyes watering.

その本を（　　　　　　　　　　　　　　　　　　　　　　　　　　　　　　　　　　　）。

3 She is unable to see in one eye.

片眼が（　　　　　　　　　　　　　　　　　　　　　　　　　　　　　　　　　　　　）。

4 I had an eye test before getting new glasses.

めがねを（　　　　　　　　　　　　　　　　　　　　　　　　　　　　　　　　　　　）。

5 He has sharp eyes for his years.

年齢の（　　　　　　　　　　　　　　　　　　　　　　　　　　　　　　　　　　　　）。

視線、監視（しばしば keep an eye on ... の形で）

6 She was so beautiful that I was unable to take my eyes off her.

その人が（　　　　　　　　　　　　　　　　　　　　　　　　　　　　　　　　　　　）。

7 The doorkeeper was eyeing me from head to foot.

門番は（　　　　　　　　　　　　　　　　　　　　　　　　　　　　　　　　　　　　）。

8 Will you keep an eye on my things while I am in the restroom?

トイレに（　　　　　　　　　　　　　　　　　　　　　　　　　　　　　　　　　　　）。

見る目（ have an eye for ... の形で ）

9 She has a good eye for works of art from old days.

古美術を（　　　　　　　　　　　　　　　　　　　　　　　　　　　　　　　　　　　）。

10 My brother has a poor eye for art of any sort.

兄は（　　　　　　　　　　　　　　　　　　　　　　　　　　　　　　　　　　　　　）。

目に似たもの

11 the <u>eyes</u> of a potato　じゃがいもの（　　　　　　　　　　　　　　　　）

12 <u>eyes</u> in wood　木の（　　　　　　　　　　　　　　　　）

13 the <u>eye</u> of a needle　針の（　　　　　　　　　　　　　　　　）

Word Group: make eyes at ...　…に色目を使う

14 I saw him <u>making eyes at</u> the waiter.

彼が（　　　　　　　　　　　　　　　　）。

【練習問題】

1 小さい<u>虫</u>が目に入った。(a small f___)

I ____.

2 彼は右眼が見えない。

He ____.

3 私のバッグ、<u>ちょっと</u>見ててくれる。(f___ a m______)

Will ____?

4 あの人は<u>陶器</u>を見る目がある。(p_____'s w____)

He ____.

5 針の穴に<u>糸</u>を通してくれる。(t_____)

Will ____?

57. *amount* 達する

金額

1 He has a great amount of money. The amount is about 300 million yen.

あの人は（　　　　　　　　　　　　　　　　　　　　　）。

2 I have only a small amount of money on hand.

手元に（　　　　　　　　　　　　　　　　　　　　　）。

3 A great amount of money is needed to give your little ones a good education.

子供の（　　　　　　　　　　　　　　　　　　　　　）。

4 The amount of the account for the food and drink was ¥35,000.

飲食の（　　　　　　　　　　　　　　　　　　　　　）。

量

5 A bit of snow is a very small amount of water.

雪の（　　　　　　　　　　　　　　　　　　　　　）。

6 She got the necessary amount of salt in a measuring spoon.

計量スプーンで（　　　　　　　　　　　　　　　　　　　　　）。

7 What is the amount of oil in this bottle?

この（　　　　　　　　　　　　　　　　　　　　　）。

8 What amount of water does this bottle take?

このビンに（　　　　　　　　　　　　　　　　　　　　　）。

9 This chest takes up a great amount of space.

このタンスは（　　　　　　　　　　　　　　　　　　　　　）。

Word Group: in great amounts　非常に大量に

10 Water is coming out in great amounts through a manhole in the road.

道路の（　　　　　　　　　　　　　　　　　　　　　）。

11 Food and drink have been stored <u>in great amounts</u> for the military operations.

軍事作戦に（　　　　　　　　　　　　　　　　　　　　　　　　　　）。

【練習問題】

1 あの人、すごい大金を手元においてる。額は 1 千万円くらい。

She ____.

2 <u>治療の請求書</u>の合計額は 12 万円だった。(the account f___ the m______ c___)

The ____.

3 <u>水筒</u>にもうちょっとしか水が入っていない。(w_____-b_____)

I ____.

4 このカップに水はどのくらい入りますか。

What ____?

5 <u>管の割れ目</u>からガスが大量に漏れだしていた。(a c_____ in the p____)

Gas ____.

58. *number* -ed, -ing, -er 数える

番号

1 The <u>number</u> on the letter box is 120.

郵便受けの（　　　　　　　　　　　　　　　　　）。

2 Let me have your telephone <u>number</u>.

あなたの（　　　　　　　　　　　　　　　　　）。

3 The pages of the letter are not <u>numbered</u>.

手紙の（　　　　　　　　　　　　　　　　　）。

4 The books from the library are lettered and <u>numbered</u>.

図書館の（　　　　　　　　　　　　　　　　　）。

5 They are <u>numbering</u> the cards from 1 to 50.

カードに（　　　　　　　　　　　　　　　　　）。

数

6 The <u>number</u> of the days in a month is thirty or thirty-one.

一月の（　　　　　　　　　　　　　　　　　）。

7 What was the <u>number</u> of those present?

出席（　　　　　　　　　　　　　　　　　）。

8 I got the <u>number</u> of persons in the room on my fingers.

部屋に（　　　　　　　　　　　　　　　　　）。

号、演目

9 I did some writing for the June <u>number</u> of *Science*.

サイエンスの（　　　　　　　　　　　　　　　　　）。

10 I still have some back <u>numbers</u> of *Life* on my bookshelves.

本棚にまだ（　　　　　　　　　　　　　　　　　）。

11 What is the first <u>number</u> on the program?

プログラムの（　　　　　　　　　　　　　　　　　　　　　　　　）。

Word Groups: a number of ...　多くの
without number　無数の

12 There are <u>a number of</u> reasons why he is hated by all.

彼がみんなに（　　　　　　　　　　　　　　　　　　　　　　　　）。

13 We see stars <u>without number</u> in winter sky.

冬空には（　　　　　　　　　　　　　　　　　　　　　　　　　　）。

【練習問題】

1 選手にはみんな 1 から 20 まで番号がついている。

All ____.

2 日本の<u>出生</u>数は<u>減りつづけている</u>。（b____ ; has b____ c______ d____ ）

The ____.

3 私は『歴史』の 3 月号に寄稿しました。

I ____.

4 古本屋で<u>ナショナル・ジオグラフィック</u>のバックナンバーを何冊か買った。
（ *National Geographic* ）

I ____

____.

5 この森では<u>いろんな種類の</u>無数の<u>昆虫</u>が見られます。（ d______ sorts of i______ ）

We ____.

59. *amusement* ゆかいな気分

楽しみ、気晴らし

1 My chief amusement in good weather is walking a long way.

天気が（　　　　　　　　　　　　　　　　　　　　　　　　　　　　　）。

2 Walking is a cheap and healthy amusement for everybody.

歩くのは（　　　　　　　　　　　　　　　　　　　　　　　　　　　　）。

3 Snowboarding is one of winter amusements.

スノーボードは（　　　　　　　　　　　　　　　　　　　　　　　　　）。

4 After work I went about the town for some amusement.

仕事の後（　　　　　　　　　　　　　　　　　　　　　　　　　　　　）。

娯楽、娯楽施設

5 Asakusa is noted for its places of amusement.

浅草は（　　　　　　　　　　　　　　　　　　　　　　　　　　　　　）。

6 This is a place of amusement for men.

ここは（　　　　　　　　　　　　　　　　　　　　　　　　　　　　　）。

7 A Bon dance is a group amusement given in summer everywhere in Japan.

盆踊りは（　　　　　　　　　　　　　　　　　　　　　　　　　　　　）。

8 There are a great number of amusements in the Disneyland.

ディズニーランドには（　　　　　　　　　　　　　　　　　　　　　　）。

ゆかいな気分

9 I get great amusement out of watching clouds in motion.

雲の（　　　　　　　　　　　　　　　　　　　　　　　　　　　　　　）。

10 I made foolish motions of my hand and head for the <u>amusement</u> of the baby, but it went badly.

手と頭で（　　　　　　　　　　　　　　　　　　　　　　　　　　　）。

11 They were cruel to the girl for <u>amusement</u>.

その子を（　　　　　　　　　　　　　　　　　　　　　　　　　　　）。

【練習問題】

1 <u>雨降りのときの</u>気晴らしはなんと言っても読書だね。（i___ w____ weather）

My ____.

2 水泳と<u>ヨット</u>は夏の楽しみだ。（s_______）

Swimming ____.

3 ここは<u>若者</u>向けの遊び場だ。（the y______）

This ____.

4 <u>町のこのあたりには</u>娯楽施設がたくさんある。（in this p____ of the t____）

There are ____.

5 赤ん坊をあやそうと<u>いろいろ変な顔をした</u>ら<u>うまくいった</u>。

（gave some s_______ l_____; and it w_____ very w____）

I ____

____.

60. danger 危ない

危険

1 A red light is generally a sign of danger.

赤い灯火は（　　　　　　　　　　　　　　　　）。

2 There was a sign which said, "Danger! Roadworks."

看板に（　　　　　　　　　　　　　　　　）。

3 Our everyday living is full of danger.

日常（　　　　　　　　　　　　　　　　）。

おそれ、危険性

4 There is a great danger of fire in winter.

冬には（　　　　　　　　　　　　　　　　）。

5 There is at any time a danger of war and a great number of deaths.

戦争が（　　　　　　　　　　　　　　　　）。

6 Weather news says there is a danger of snowslips in the mountains.

天気予報だと（　　　　　　　　　　　　　　　　）。

7 I was in danger walking on thin ice.

薄い（　　　　　　　　　　　　　　　　）。

8 This old bridge is in danger of falling down at any time.

この古い橋は（　　　　　　　　　　　　　　　　）。

9 My mother is still in hospital though she has got out of danger.

母はまだ（　　　　　　　　　　　　　　　　）。

危険なもの・人

10 A thick mist is a danger to those on the mountains.

濃霧は（　　　　　　　　　　　　　　　　）。

11 Smokers are a <u>danger</u> to everyone round them.

喫煙者は（ ）。

12 The nation is a great <u>danger</u> to the countries round it.

その国は（ ）。

【練習問題】

1 看板に「危険、<u>落石</u>」と書いてあった。（f______ s_____）

There ____.

2 夏は<u>熱中症</u>の危険が高い。（h____ t______）

There ____.

3 天気予報では山では<u>土砂崩れ</u>の危険が高いそうだ。（l______ s______）

Weather ____.

4 この古い建物は<u>暴風で</u>倒れる危険がある。（at a v______ w____）

This ____.

5 雪崩は登山者にとってたいへんな危険だ。

Snowslips ____.

61. *business* 日々のつとめ

仕事、職業

1 Trouble is my business.　人の困りごと（　　　　　　　　　　）。

2 Judging from the color of his skin, his business is probably farming.

肌の（　　　　　　　　　　）。

商売、営業、取引

3 That store is doing good business.

あのお店（　　　　　　　　　　）。

4 The Japanese restaurant is in business where it was started two hundred years back.

その料亭は（　　　　　　　　　　）。

5 We do not do business with private persons.

個人の方とは（　　　　　　　　　　）。

6 We have three places of business in Saitama.

埼玉に（　　　　　　　　　　）。

企業、店

7 He is the owner of a food business in the town.

その町の（　　　　　　　　　　）。

8 I am hoping to have my cake-maker's business some day.

いつか（　　　　　　　　　　）。

用事、用件

9 "I went to Nagano on business." "What was your business there?"

仕事で（　　　　　　　　　　）。何の（　　　　　　　　　　）。

10 "Where are you going this late?" "It is <u>not your business</u>."
こんなに（　　　　　　　　　　）。君には（　　　　　　　　　　）。

Word Group: go out of business　廃業・破産する

11 That hotel <u>went out of business</u> in its seventieth year.
あのホテルは（　　　　　　　　　　）。

【練習問題】

1 母の仕事は<u>古着の売買</u>です。（ t_____ in old c_______ ）

My ____.

2 あのレストランは<u>全然はやらない</u>。（ p___ b______ ）

That ____.

3 <u>外国の</u>会社とは取引がありません。（ in o_____ c______ ）

We ____.

4「仕事で静岡に行くところです。」「何のご用事ですか。」

I ____.

What ____?

5 その<u>植木屋</u>は創業80年目に廃業してしまった。（ g_______ ）

The ____.

62. company　いっしょにいる

いっしょにいること

1 I am happy in his company.

彼と（　　　　　　　　　　　　　　　　　　　　　　　　　　）。

2 Her company gives me pleasure.

彼女と（　　　　　　　　　　　　　　　　　　　　　　　　　）。

3 He goes to bars for company.

酒場に（　　　　　　　　　　　　　　　　　　　　　　　　　）。

4 The girl keeps quiet in company.

その子は（　　　　　　　　　　　　　　　　　　　　　　　　）。

いっしょにいる人、仲間

5 He is good company. He is a good hearer.

彼といっしょに（　　　　　　　　　）。だって（　　　　　　）だから。

6 You are judged by the company you keep.

人はその（　　　　　　　　　　　　　　　　　　　　　　　　）。

7 My son keeps bad company these days.

このごろ（　　　　　　　　　　　　　　　　　　　　　　　　）。

8 I had a walk taking my dog for company.

犬を（　　　　　　　　　　　　　　　　　　　　　　　　　　）。

9 Mr. Ito has company now.

伊藤はただいま（　　　　　　　　　　　　　　　　　　　　　）。

会社

10 He is an engine driver working for a railroad company.

彼は（　　　　　　　　　　　　　　　　　　　　　　　　　　）。

11 Her <u>company</u> went out of business last year.

彼女の（　　　　　　　　　　　　　　　　　　　　　　　　　　　　　）。

団体、一座

12 The Shakespeare <u>company</u> is on a journey through Japan.

シェークスピア劇の（　　　　　　　　　　　　　　　　　　　　　　）。

【練習問題】

1 あなたといっしょだと楽しい。

I ____.

2 彼といっしょにいても楽しいことは全然ない。

His ____.

3 彼女といっしょにいるのは苦痛だ。<u>人の悪口を言い続ける</u>から。

（keeps s______ b___ things about o______）

Her ____.

She ____.

4 娘は悪い仲間とつきあうように<u>なったようだ</u>。（seems to h____ got i____）

My daughter ____.

5 彼女は<u>衣料品会社</u>に勤めるデザイナーです。（a c______ c_______）

She ____.

63. *interest* -ed, -ing, -er　これはおもしろい

興味、おもしろさ

1 She has no <u>interest</u> in doing or watching sports.

スポーツを（　　　　　　　　　　　　　　　　　　　　　　）。

2 He has no <u>interest</u> in the company his woman keeps.

彼は妻の（　　　　　　　　　　　　　　　　　　　　　　）。

3 This book is not at all <u>interesting</u>. It is a waste of time.

この（　　　　　　　　　　　　　　　　　　　　　　）。

4 I am very <u>interested</u> in reading science fiction.

私は（　　　　　　　　　　　　　　　　　　　　　　）。

5 Present-day works of fiction have no <u>interest</u> for me.

この頃の（　　　　　　　　　　　　　　　　　　　　　　）。

関心事、趣味

6 Her chief <u>interests</u> are painting and taking pictures.

彼女の（　　　　　　　　　　　　　　　　　　　　　　）。

7 His chief <u>interests</u> are cards and horses.

彼の（　　　　　　　　　　　　　　　　　　　　　　）。

利益（in the interests of ... の形で）

8 Public servants do their work in the <u>interests</u> of society.

公務員は（　　　　　　　　　　　　　　　　　　　　　　）。

9 "Working hard is in your <u>interests</u>," said the teacher.

勉強に（　　　　　　　　　　　　　　　　　　　　　　）。

利子、利息

10 The rate of <u>interest</u> at banks is almost nothing now.

いま銀行の（　　　　　　　　　　　　　　　　　　　　　　　　　　　）。

11 I got into debt at high <u>interest</u>.

高い（　　　　　　　　　　　　　　　　　　　　　　　　　　　　　　）。

12 I am in debt to a friend for one million yen without <u>interest</u>.

友達に（　　　　　　　　　　　　　　　　　　　　　　　　　　　　　）。

【練習問題】

1 兄は<u>どんな芸術にも</u>関心がない。（ any s____ of a____ ）

My ____.

2 彼女は夫の友人には何の関心もない。

She ____.

3 彼の講演は退屈だった。私は<u>途中で眠ってしまった</u>。
（ w____ to s_____ h___w____ ）

His ____.

I ____.

4 彼の夏場の関心事は主にヨットと釣りだ。

His ____.

5 銀行に低利でお金を借りている。

I ____.

64. *need* -ed, -ing, -er なくて困る

必要

1 The garden is in <u>need</u> of water.

庭に（　　　　　　　　　　　　　　　　　）。

2 The dog is in <u>need</u> of a wash and a haircut.

その犬（　　　　　　　　　　　　　　　　　）。

3 I am in great <u>need</u> of money for the education of my sons.

子供たちの（　　　　　　　　　　　　　　　　　）。

4 This house is in <u>need</u> of a new coat of paint.

この家は（　　　　　　　　　　　　　　　　　）。

5 I have no <u>need</u> for help from others. I do everything myself.

他の人に（　　　　　　　　　　　　　　　　　）。

6 I have great <u>need</u> of a secretary. My work is overmuch for one person.

秘書が（　　　　　　　　　　　　　　　　　）。

7 There is no <u>need</u> for you to be quick about the work.

急いで（　　　　　　　　　　　　　　　　　）。

8 More care workers are <u>needed</u> in the care houses.

介護施設では（　　　　　　　　　　　　　　　　　）。

欠乏、不足

9 The military men went to their death from <u>need</u> of food.

兵士たちは（　　　　　　　　　　　　　　　　　）。

10 This money will be used for persons in great <u>need</u>.

このお金は（　　　　　　　　　　　　　　　　　）。

必要なもの

11 She has not enough money to get her everyday needs.

お金が（　　　　　　　　　　　　　　　　　　　　　　　　　）。

12 Living by myself, my needs are not great in number.

一人で（　　　　　　　　　　　　　　　　　　　　　　　　　）。

13 My greatest need is a house with a greater space.

今一番（　　　　　　　　　　　　　　　　　　　　　　　　　）。

【練習問題】

1 この庭は手入れをする必要があるね。（a________）

This ____.

2 芝生は刈ってローラーをかける必要がある。（a c___ and a r___）

The ____.

3 ぼくは太りすぎなんだ。すごく運動しなきゃ。（o___w_____; p______ training）

I am ____.

I have ____.

4 あなた、日用品はどこで買うの。

Where ____?

5 今一番必要なのは部屋数の多い家だ。（with a n_____ of r____）

My ____.

65. *necessary* un-, -ly どうしても必要

必要だ、なくてはならない

1 Sunlight is necessary to all living things.
日光は（ ）。

2 Mother's love is necessary to all little ones.
すべての（ ）。

3 Food, clothing, and a living-place are necessary for all of us.
食べ物と（ ）。

4 Mother gave me the necessary money for the day outdoors.
遠足に（ ）。

5 Your directions are quite unnecessary. I will do it all by myself.
あなたの指図は（ ）。

6 I will not be here longer than necessary.
必要以上に（ ）。

する必要がある（It is necessary for ... to ... の形で）

7 It is necessary for office workers to have business cards with them.
会社員は（ ）。

8 It is necessary for you to give your teeth a good brush after meals.
あなたは（ ）。

9 It is necessary for you to get medical attention for your eyes.
目の（ ）。

10 It is necessary for your two-wheeler to be oiled.
君の自転車（ ）。

必要なもの、必需品

11 I made a list of <u>necessaries</u> for the journey before going to market.

買い物に（　　　　　　　　　　　　　　　　　　　　　　　　　　　　　　　　）。

Word Group: if necessary　必要ならば

12 I will go with you, <u>if necessary</u>.

もし（　　　　　　　　　　　　　　　　　　　　　　　　　　　　　　　　　　）。

【練習問題】

1 植物には日光と水が必要だ。

Sunlight ____.

2 こどもには愛情と<u>優しい世話</u>が必要だ。（ k____ c____ ）

Love ____.

3 <u>飲み会</u>に必要な金がない。（ the d______ ）

I ____.

4 馬たちに水をやる必要がある。

It is ____.

5 必要なら私が<u>あなたの代わりに</u>いきましょう。（ in y____ p_____ ）

I ____.

66. *natural* un-, -ly　自然のまま

自然の、生まれつきの

1 My summer house is among beautiful natural things.

私の別荘は（　　　　　　　　　　　　　　　　　　　　　　）。

2 Being ninety years old, his teeth are all natural.

90 歳なのに（　　　　　　　　　　　　　　　　　　　　　　）。

3 She is not my natural mother.

彼女は（　　　　　　　　　　　　　　　　　　　　　　）。

4 She is a trader in natural food.

彼女は（　　　　　　　　　　　　　　　　　　　　　　）。

5 I have a natural love for insects somehow.

どういうわけか（　　　　　　　　　　　　　　　　　　　　　　）。

当たり前、自然な（It is natural for ... to ... の形で）

6 She takes much more food than is good. It is natural for her to be overweight.

あの人（　　　　　　　　　　　　　　　　　　　　　　）。

7 It is natural for an old man to come awake in the middle of the night.

年寄りが（　　　　　　　　　　　　　　　　　　　　　　）。

8 He was up all through the night. It was natural for him to go to sleep at school.

彼は夜通し（　　　　　　　　　　　　　　　　　　　　　　）。

気取らない、作らない

9 It is sometimes hard to put on a natural smile on camera.

撮されるときに（　　　　　　　　　　　　　　　　　　　　　　）。

10 He is at all times natural with other persons.

彼はいつでも（　　　　　　　　　　　　　　　　　　　　　　　　　　　）。

もちろん、当然（naturally の形で）

11 Her weight is over 80 kg. Naturally she is unable to have a quick run.

体重が（　　　　　　　　　　　　　　　　　　　　　　　　　　　　　　）。

【練習問題】

1 美しい自然の風景を見るのは楽しい。(take p______ in; n_____ v_____)

I ____.

2 彼は私の実の父ではありません。

He ____.

3 彼は少食だ。あんなにやせているのも当然だ。(takes a l_____; so t____)

He ____.

4 年寄りが忘れっぽいのはあたりまえです。(have a s____ m______)

It ____.

5 彼女はわざとらしいほほえみを浮かべた。(un_______)

She ____.

67. *probable* un-, -ly　ほぼあり

おそらく、まず間違いなく

1 "Are you doing some marketing tomorrow?" "Probably."

明日（　　　　　　　　　　）。（　　　　　　　　　　）。

2 "Are you going to see anybody today?" "Probably not."

きょう（　　　　　　　　　　）。（　　　　　　　　　　）。

3 When you are older, you will probably not be so thin.

あなたも年をとると（　　　　　　　　　　）。

4 I will probably be still living ten years from now.

今から（　　　　　　　　　　）。

5 He will probably not be here on time.

時間には（　　　　　　　　　　）。

かなりありそう、起こりそう

6 Snow is possible but not probable today.

今日（　　　　　　　　　　）。

7 Newspaper says that rain is probable tonight in the south part of Kanto.

関東南部では（　　　　　　　　　　）。

8 It is probable that we will have a great earth-shock within thirty years.

30年以内に（　　　　　　　　　　）。

9 It is possible but not probable that we have a great earth-shock one of these days.

近日中に（　　　　　　　　　　）。

10 It is probable that Mt. Fuji will be burning again.

富士山が（　　　　　　　　　　）。

【練習問題】

1 今日外食する予定ある？　しないと思う。（ h______ a meal o____ ）

“Are ____?”　“______________________.”

2 年をとると君はきっと体重が増えるよ。（ p____ on w______ ）

When you ____.

3 山では今日雪崩の可能性が高い。（ s____s_____ ）

Snow ____.

4 関東北部では雪がちらつくかもしれませんが、降りつづくことはないでしょう。

Snow ____.

5 赤城山がまた噴火する可能性は高いですか。

Is ____?

68. *strange* –ly 知らないものは変

奇妙な 、変わった

1 I had a strange experience in my sleep last night.

ゆうべ（　　　　　　　　　　　　　　　　　　　　　　　）。

2 What is that strange thing in your hand?

君が（　　　　　　　　　　　　　　　　　　　　　　　）。

3 He had on a T-shirt with a strange design on it.

彼は（　　　　　　　　　　　　　　　　　　　　　　　）。

4 Everyone says that she is a very strange person.

みんなが（　　　　　　　　　　　　　　　　　　　　　　　）。

初めての、知らない

5 I saw some strange faces at the meeting.

会合で（　　　　　　　　　　　　　　　　　　　　　　　）。

6 I had a talk with a strange woman about the weather.

知らない（　　　　　　　　　　　　　　　　　　　　　　　）。

7 The writing was in a strange language.

その文書は（　　　　　　　　　　　　　　　　　　　　　　　）。

8 The voice on the telephone was strange to me.

電話の（　　　　　　　　　　　　　　　　　　　　　　　）。

9 I am unable to have a good sleep in a strange bed.

ベッドが（　　　　　　　　　　　　　　　　　　　　　　　）。

慣れていない、不案内な

10 The old woman was quite strange to the copier.

年配の女性は（　　　　　　　　　　　　　　　　　　　　　　　）。

11 He is completely <u>strange</u> to this sort of work.

彼は（　　　　　　　　　　　　　　　　　　　　　　　　　　　　　　）。

12 This part of the town is <u>strange</u> to me. I am <u>strange</u> here.

町の（　　　　　　　　　　　　　　　　　　　　　　　　　　　　　　）。

13 He is from another country and is still <u>strange</u> to the ways of living in Japan.

彼は外国の（　　　　　　　　　　　　　　　　　　　　　　　　　　　）。

【練習問題】

1 変な夢を見ることがありますか。<u>しょっちゅう</u>です。(very f________)

Do ____?

I ____.

2 <u>旅行中</u>に変なことがあったのよ。(o___ my j_______)

I ____.

3 父が<u>玄関</u>で見知らぬ人と話をしていた。(inside the f_____ d____)

Father ____.

4 <u>メモ</u>の<u>筆跡</u>に見覚えはなかった。(n____; h_____)

The ____.

5 この<u>商店街</u>は初めてだ。(s_____ of s______)

This ____.

69. ***work*** -ed, -ing, -er 働いて仕上げる

仕事、勉強

1 I am working under Mrs. Tanaka.　私は（　　　　　　　　　　　　　　　　　　　）。

2 The painter is at work on a new picture.

画家は（　　　　　　　　　　　　　　　　　　　　　　　　　　　　　　）。

3 It was hard work to go through the book in one day.

その本を（　　　　　　　　　　　　　　　　　　　　　　　　　　　　　）。

4 This machine does the work of five men.

この機械は（　　　　　　　　　　　　　　　　　　　　　　　　　　　　）。

5 Morning trains are full of workers.

朝の（　　　　　　　　　　　　　　　　　　　　　　　　　　　　　　　）。

6 She is now working hard for the year-end tests.

学年末テストに（　　　　　　　　　　　　　　　　　　　　　　　　　　）。

7 My son is not a hard worker. He gets bad marks in everything.

うちの子は（　　　　　　　　　　　　　　　　　　　　　　　　　　　　）。

作動、操作

8 This pump is worked by electric power.

このポンプは（　　　　　　　　　　　　　　　　　　　　　　　　　　　）。

9 My stomach is working badly.　胃の（　　　　　　　　　　　　　　　　　）。

10 I have no experience in working this sort of copier.

こういう（　　　　　　　　　　　　　　　　　　　　　　　　　　　　　）。

作品、細工

11 I have the complete works of Mozart in CDs.

モーツァルトの（　　　　　　　　　　　　　　　　　　　　　　　　　　）。

12 These curtains are my <u>work</u>.

このカーテンは（　　　　　　　　　　　　　　　　　　　　　　　　）。

Word Group: out of work　失業して

13 If the company goes out of business, the workers there will be <u>out of work</u>.

その会社が（　　　　　　　　　　　　　　　　　　　　　　　　　　）。

【練習問題】

1 私たちは黒田さんの部下です。彼は私たちの<u>長</u>です。（ c______ ）

We ____.

He ____.

2 作家は新しい<u>小説</u>にとりかかっている。（ s_____ ）

The ____.

3 学校ではあまり勉強しなかった。悪い点ばかりだった。

I ____.

4 <u>この頃</u>お腹の調子がいい。（ t_____ d____ ）

My ____.

5 <u>書斎</u>に漱石全集がある。（ r______ r____ ）

I ____.

70. *trouble* -ed, -ing, -er 困ること

困難、迷惑、やっかい

1 I am in serious trouble and in great need of your help.

私は今（　　　　　　　　　　　　　　　　　　　　　　　　）。

2 I was very troubled about the loss of my train ticket.

電車の（　　　　　　　　　　　　　　　　　　　　　　　　）。

3 The girl is a trouble to her teachers at school.

その子は（　　　　　　　　　　　　　　　　　　　　　　　）。

4 She keeps troubling them with hard questions.

難しい（　　　　　　　　　　　　　　　　　　　　　　　　）。

もめごと、いざこざ

5 There are troubles all the time in the family.

あの家では（　　　　　　　　　　　　　　　　　　　　　　）。

6 We are having trouble over money.

お金の（　　　　　　　　　　　　　　　　　　　　　　　　）。

7 He is in trouble with those living near because he makes so much noise.

彼は（　　　　　　　　　　　　　　　　　　　　　　　　　）。

手間、骨折り

8 I take great trouble with my garden, specially in summer.

庭の手入れに（　　　　　　　　　　　　　　　　　　　　　）。

9 I had great trouble in getting a room at a hotel for the night.

その晩の（　　　　　　　　　　　　　　　　　　　　　　　）。

病気、故障

10 She has heart <u>trouble</u> and keeps from running.

あの人（　　　　　　　　　　　　　　　　　　　　　　　　　　　　）。

11 I have <u>trouble</u> with my eyes in early spring.

春になると（　　　　　　　　　　　　　　　　　　　　　　　　　　）。

12 I have <u>troubles</u> with every part of my body.

私はもう体が（　　　　　　　　　　　　　　　　　　　　　　　　　）。

13 The airplane had a fall because of engine <u>trouble</u>.

飛行機は（　　　　　　　　　　　　　　　　　　　　　　　　　　　）。

【練習問題】

1 家の鍵をなくしてたいへん困った。

I ____.

2 その悪たれは近所の厄介者だ。（b___ b___）

The ____.

3 あの<u>団体</u>では始終もめごとがある。（s_______）

There ____.

4 通りでタクシーをつかまえるのは簡単だった。

I ____.

5 私は胃の具合が悪くて<u>どうしてもよくなりません</u>。（nothing m_____ it b_____）

I ____.

71. *authority* 見上げる存在

権威、権力

1 The teacher has no <u>authority</u> over his boys and girls.

その先生は（　　　　　　　　　　　　　　　　　　　　　　　　）。

2 The father has high <u>authority</u> over his young ones.

その父親は（　　　　　　　　　　　　　　　　　　　　　　　　）。

3 This is a wordbook of great <u>authority</u>.

これは（　　　　　　　　　　　　　　　　　　　　　　　　　　）。

4 Who is in <u>authority</u> in this office?

この（　　　　　　　　　　　　　　　　　　　　　　　　　　　）。

権威のある人

5 She is an <u>authority</u> on deep-sea fish.

彼女は（　　　　　　　　　　　　　　　　　　　　　　　　　　）。

6 Mr. Tanaka is an <u>authority</u> on the history of early China.

田中氏は（　　　　　　　　　　　　　　　　　　　　　　　　　）。

7 He is one of the greatest <u>authorities</u> on high-mountain plants.

彼は（　　　　　　　　　　　　　　　　　　　　　　　　　　　）。

権限、許可

8 We have the <u>authority</u> for looking over this building. Let us in right now.

我々はこの（　　　　　　　　　　　　　　　　　　　　　　　　）。

9 I got the <u>authority</u> to do business in the garden round the Buddhist house.

お寺の（　　　　　　　　　　　　　　　　　　　　　　　　　　）。

10 Don't put up any sign here without <u>authority</u>.

どんな看板も（　　　　　　　　　　　　　　　　　　　　　　　）。

当局、その筋（authorities の形で）

11 The school <u>authorities</u> have said nothing so far about the unhappy event.

その事件について（　　　　　　　　　　　　　　　　　　　　　　　　）。

【練習問題】

1 その女の先生は生徒にすごくにらみがきく。

The ____.

2 彼は子供たちになめられている。

He ____.

3 吉田氏は日本古代史の最高権威だ。

Mrs. Yoshida ______________________________________.

4 我々には<u>あなたを逮捕する</u>権限があります。（ making you p______ ）

We ____.

5 この<u>広場</u>ではいかなる営業も許可なしでしてはいけません。（ s______ ）

Don't ____.

72. power　強い力

能力 、体力、精神力

1 Some persons have no <u>power</u> of hearing.
　耳が（　　　　　　　　　　　　　　　　　　　　　　　　）。

2 Some animals have the <u>power</u> of seeing in the dark.
　暗闇でも（　　　　　　　　　　　　　　　　　　　　　　）。

3 He has not enough <u>power</u> to go without a stick.
　あの人は（　　　　　　　　　　　　　　　　　　　　　　）。

4 The woman has the <u>power</u> to see into the future, so she says.
　その女性は（　　　　　　　　　　　　　　　　　　　　　）。

5 She is small but she has great <u>powers</u> of mind.
　あの人（　　　　　　　　　　　　　　　　　　　　　　　）。

6 I have belief in my physical <u>powers</u>.
　体力には（　　　　　　　　　　　　　　　　　　　　　　）。

動力、エネルギー

7 A sailboat goes by wind <u>power</u>.　ヨットは（　　　　　　　　）。

8 A jinrikisha goes by man<u>power</u>.　人力車は（　　　　　　　　）。

9 A waterwheel goes by the <u>power</u> of running water.
　水車は（　　　　　　　　　　　　　　　　　　　　　　　）。

影響力のある人・国

10 The king is no longer a <u>power</u> over the public.
　王はもはや（　　　　　　　　　　　　　　　　　　　　　）。

11 She is a <u>power</u> in the society.
　会の中で（　　　　　　　　　　　　　　　　　　　　　　）。

12 China has become a great <u>power</u> in the last fifty years.

中国は（　　　　　　　　　　　　　　　　　　　　　　　　　　　　　　）。

Word Groups: in one's power　能力の範囲内で
out of one's power　能力を超えている

13 I did everything <u>in my power</u> for the test, but I did badly.

試験に備えて（　　　　　　　　　　　　　　　　　　　　　　　　　　　）。

14 It is <u>out of my power</u> to go through this book without a wordbook.

この本を（　　　　　　　　　　　　　　　　　　　　　　　　　　　　　）。

【練習問題】

1 若いときは<u>もっともっと</u>よく見えたんだけど。（m_____ m_____）

I ____.

2 <u>腕力</u>には自信がない。（m______-p______）

I ____.

3 <u>風車</u>（かざぐるま）は風の力で動く。（p____w______）

A ____.

4 この水車は落ちてくる水の力で動く。

This ____.

5 <u>この例文を全部暗記する</u>なんて私の能力を超えています。

（get all these e________ by h_____）

It ____.

73. mind 意識の所在地

心

1 He has a (q) mind. 頭の回転が速い。

2 She has a (s) mind. 理解が遅い。

3 She has an (o) mind. 心が広い。

4 He has a (n) mind. 心が狭い。

5 She has a (s) mind. 意志が強い。

6 He has a (s) mind. 無邪気な人だ。

7 She has a (s) mind. 正直だ。

8 He has a (d) mind. みだらな人だ。

9 He has a (s) mind. 利己的だ。

mind を部屋に見立てた言い方

10 I am unable to get her out of my mind.

あの子のことを（ ）。

11 A good idea sometimes comes into my mind in a train.

電車に（ ）。

12 She was a school friend but her name has gone out of my mind.

学校の（ ）。

13 I am very poor at keeping persons' names in mind.

人の名前を（ ）。

14 She put me in mind of my school days.

彼女に会ったら（ ）。

Word Group: make up one's mind　決心する

15 I <u>made up my mind</u> to have the rest of my days in the countryside.

余生を（　　　　　　　　　　　　　　　　　　　　　　　　）。

16 My daughter has not <u>made up her mind</u> about a high school to go on to.

娘はまだ（　　　　　　　　　　　　　　　　　　　　　　　）。

【練習問題】

1 彼は<u>丈夫で頭の回転も速い</u>。（ a s______ man w____ a q_____ m_____ ）

He ____.

2 彼女は小柄で気持ちのしっかりした人だ。

She ____.

3 <u>散歩</u>しているときによくいい考えが浮かぶ。（ a w____ ）

A ____.

4 彼は<u>会社の同僚</u>だったけど名前を忘れてしまいました。

（ my e_____ at the o_____ ）

He ____.

5 彼女の歌を聞くと若い時分のことを思い出す。

Her ____.

74. heart 魂の所在地

心臓

1 Our <u>hearts</u> are pumping blood all through our bodies.

心臓は（　　　　　　　　　　　　　　　　　　　　　　　　　　　　　）。

2 One's <u>heart</u> is the size of one's shut hand.

人の（　　　　　　　　　　　　　　　　　　　　　　　　　　　　　　）。

3 My father went to his death from a <u>heart</u> attack.

父は（　　　　　　　　　　　　　　　　　　　　　　　　　　　　　　）。

優しい心、愛情

4 He is a man of kind <u>heart</u>.　彼は（　　　　　　　　　　　　　　　　　　）。

5 She is a woman of no <u>heart</u>.

彼女は（　　　　　　　　　　　　　　　　　　　　　　　　　　　　　）。

6 She got his <u>heart</u> at last.　とうとう（　　　　　　　　　　　　　　　　）。

7 He had a broken <u>heart</u> in his love for the woman.

その女性に（　　　　　　　　　　　　　　　　　　　　　　　　　　　）。

気力、熱意、勇気

8 I was very tired that night and had no <u>heart</u> to do any cooking.

その夜は（　　　　　　　　　　　　　　　　　　　　　　　　　　　　）。

9 I was not very ready for food and had little <u>heart</u> for a meal.

お腹が（　　　　　　　　　　　　　　　　　　　　　　　　　　　　　）。

10 Put your <u>heart</u> into your work.

仕事を（　　　　　　　　　　　　　　　　　　　　　　　　　　　　　）。

11 I had not my <u>heart</u> in the work.

その仕事には（　　　　　　　　　　　　　　　　　　　　　　　　　　）。

12 Nobody had the <u>heart</u> to go against the manager's orders.

部長の（　　　　　　　　　　　　　　　　　　　　　　　　　）。

真ん中

13 The <u>heart</u> of a cabbage is yellow.

キャベツの（　　　　　　　　　　　　　　　　　　　　　　　）。

14 There are government buildings in the <u>heart</u> of the town.

役所の（　　　　　　　　　　　　　　　　　　　　　　　　　）。

【練習問題】

1 私は昨年、心臓発作で死にかけました。（ was a_____ d____ ）

I ____.

2 私はその男の子に失恋しました。

I ____.

3 彼はすごく疲れていて何も読む気になれなかった。

He ____.

4 私はその仕事に打ち込みました。

I ____.

5 彼女は大阪の中心に住んでいる。

She ____.

75. certain un-, -ly 定まっている

確かな、疑いのない（It is certain that ... の形で）

1 It is certain that the sun will come up tomorrow.

明日（ ）。

2 It is not certain that we will see the sun tomorrow.

明日（ ）。

3 It is certain that I will go to bed tonight.

今夜（ ）。

4 It is not certain that I will have a good sleep.

よく（ ）。

5 It is certain that she is taller than I.

彼女が（ ）。

6 It is not certain that she has more weight.

体重が（ ）。

確信して（I am certain that ... の形で）

7 I am certain that I will still be living twenty years from now.

今から（ ）。

8 He is certainly good company, but I am not certain that he has a straight mind.

彼は確かに（ ）。

9 I did my best in the test, but I am not certain that I got enough marks.

試験で（ ）。

ある、定まった

10 The papers say she has been in hospital for a <u>certain</u> disease.

新聞によると（　　　　　　　　　　　　　　　　　　　　　　　　　　）。

11 The army is going forward to a <u>certain</u> place.

軍隊は（　　　　　　　　　　　　　　　　　　　　　　　　　　　　　）。

【練習問題】

1 彼が私より背が低いのは確かだ。

It ____.

2 私より<u>体重が軽い</u>かは確かではない。（l____ w_______ ）

It ____.

3 彼女が私よりも若く<u>見える</u>のは確かだ。（ s______ ）

It ____.

4 彼女が私よりも若いかどうかは確かでない。

It ____.

5 20年後にまだ<u>丈夫</u>でいるかどうかわからない。（ w____ and s______ ）

I ____.

76. instrument 道具

精密な器具、計器

1 A scale is an instrument for measuring weight.

秤は（ ）。

2 This is an instrument for measuring the heat of water.

これは（ ）。

3 Field glasses are an instrument for looking at things at a distance.

双眼鏡は（ ）。

4 I get the number of my steps with this instrument.

この器具で（ ）。

5 A radio is an instrument for changing electric waves into sound waves.

ラジオは（ ）。

6 A number of medical instruments are used in an operation.

手術には（ ）。

楽器

7 *Biwa* is a Japanese instrument like a *harp*.

琵琶は（ ）。

8 I am able to make music on some different instruments.

いくつか違う（ ）。

9 ‘Pipes’ are another name for wind instruments.

管楽器は（ ）。

手段、道具

10 Pictures, maps, and copies are all instruments of education.

絵、地図、模型は（ ）。

11 A teacher is an instrument of school education.

教師は（　　　　　　　　　　　　　　　　　　　　　　　　　　　　）。

12 Basic English is an instrument for clear thought.

ベーシック・イングリッシュは（　　　　　　　　　　　　　　　　　　　）。

【練習問題】

1 ヘルスメーターは体重を計る器具です。（a b____r____ s____）

A ____.

2 気圧計は気圧を測る器具です。（w______ of the a____）

A *barometer* ____.

3 楽器は何もひけません、吹けません。（a____）

I ____.

4 楽団が管楽器で演奏している。（o__ their w_____ i_________）

The ____.

5 裁判官は法の道具です。（j_____; the l____）

A ____.

77. knowledge 知っている

知っていること

1 I have no knowledge of his business or living-place.

彼の（　　　　　　　　　　　　　　　　　　　　　　　）。

2 Nobody has any knowledge of what is kept in this box.

この箱に（　　　　　　　　　　　　　　　　　　　　　）。

3 Touching gives us knowledge in the dark.

暗闇では（　　　　　　　　　　　　　　　　　　　　　）。

4 Most knowledge comes to us through our five senses.

たいがいのことは（　　　　　　　　　　　　　　　　　）。

承知していること（with / without one's knowledge の形で）

5 The girl went into a part-time work with her mother's knowledge.

その子は（　　　　　　　　　　　　　　　　　　　　　）。

6 He was away from school that day without his mother's knowledge.

その子は（　　　　　　　　　　　　　　　　　　　　　）。

7 If you go from school without Mrs. Grey's knowledge, she will be very angry.

グレイ先生に（　　　　　　　　　　　　　　　　　　　）。

知識、学識

8 He has a good knowledge of do-it-yourself.

彼は（　　　　　　　　　　　　　　　　　　　　　　　）。

9 I have not a good knowledge of the coming-in and going-out of the sea.

潮の（　　　　　　　　　　　　　　　　　　　　　　　）。

10 I have little knowledge of the motion of stars.

星の（　　　　　　　　　　　　　　　　　　　　　　　）。

11 I have not the least <u>knowledge</u> of Arabic language.

私は（　　　　　　　　　　　　　　　　　　　　　　　　　　　　　　　　）。

12 *Meteorology* is a body of <u>knowledge</u> about weather.

気象学は（　　　　　　　　　　　　　　　　　　　　　　　　　　　　　　）。

Word Group: To my knowledge　私の知る限り

13 <u>To my knowledge</u>, she is never late for any meeting.

私の（　　　　　　　　　　　　　　　　　　　　　　　　　　　　　　　　）。

【練習問題】

1 私は駅への<u>行き方</u>がわかりませんでした。(the w_____)

I ____.

2 息子が私たちに無断で<u>結婚してしまった</u>。(got m______)

Our son ____.

3 <u>月の満ち欠け</u>のことはあまりよくわからない。(the c______ of the m____)

I ____.

4 私は<u>ヒンディー</u>語は皆目わからない。(Hindi)

I ____.

5 私の知る限り彼はどんな会合にも<u>多少</u>遅れてくる。(m____ or l____)

To ____.

78. deep -ly 深い

深い、奥行きのある

1 The river is less than one meter deep near the edge.

川は（　　　　　　　　　　　　　　　　　　　　　　　　）。

2 The copper mine goes deep into the earth.

銅の（　　　　　　　　　　　　　　　　　　　　　　　　）。

3 The shelf is not deep enough for this book.

この本には（　　　　　　　　　　　　　　　　　　　　　）。

4 I went up the deep steps taking long steps.

歩幅を（　　　　　　　　　　　　　　　　　　　　　　　）。

5 As we went deeper into the wood it got darker about.

森の（　　　　　　　　　　　　　　　　　　　　　　　　）。

6 He had his hands deep in his pockets.

手を（　　　　　　　　　　　　　　　　　　　　　　　　）。

7 She took a deep breath and gave the door a soft blow.

息を（　　　　　　　　　　　　　　　　　　　　　　　　）。

埋まって、はまり込んで

8 The town was deep in snow.

町は（　　　　　　　　　　　　　　　　　　　　　　　　）。

9 The road was deep under dead leaves.

道は（　　　　　　　　　　　　　　　　　　　　　　　　）。

10 He is deep in debt to a number of persons.

方々から（　　　　　　　　　　　　　　　　　　　　　　）。

11 She is deep in love with that man.

彼女は（　　　　　　　　　　　　　　　　　　　　　　　）。

（程度・色が）深い

12 She has a deep knowledge of very early man.

原始人に（　　　　　　　　　　　　　　　　　　　　　　　　　　）。

13 I was deeply moved by her new story.

彼女の（　　　　　　　　　　　　　　　　　　　　　　　　　　　）。

14 Her skin is deep brown the color of coffee.

彼女の（　　　　　　　　　　　　　　　　　　　　　　　　　　　）。

【練習問題】

1 川は中程で 2 メートル以上の深さだ。（ i__ the m_____ ）

The ____.

2 舞台はその芝居には奥行きが足りない。（ p____ ）

The ____.

3 軒は落ち葉に埋まっていた。（ e____ of the r____ ）

The ____.

4 彼らはたがいに深く愛し合っている。（ w___ one a______ ）

They ____.

5 彼は初期の自動車に詳しい。（ a____ m______ ）

He ____.

79. *thought* 考えること

考えること

1 I have given some thought to the question.

その問題を（　　　　　　　　　　　　　　　　　　　　）。

2 After much thought he made up his mind to get married to her.

よーく（　　　　　　　　　　　　　　　　　　　　）。

3 He was deep in thought rubbing his chin.

あごを（　　　　　　　　　　　　　　　　　　　　）。

考えたこと、思いつき

4 He put his thoughts down on a bit of paper.

紙に（　　　　　　　　　　　　　　　　　　　　）。

5 I keep bits of paper at hand to put my thoughts on.

手近に（　　　　　　　　　　　　　　　　　　　　）。

6 A dirty thought came into my mind.　下劣な（　　　　　　　　　　）。

思いやり、配慮

7 We see in a train those having no thought for others.

電車内で（　　　　　　　　　　　　　　　　　　　　）。

8 She is full of thought for others.　あの人（　　　　　　　　　　）。

9 You are acting without thought for others, aren't you?

あなたは（　　　　　　　　　　　　　　　　　　　　）。

つもり、意向

10 I have no thought of becoming an office worker.

勤め人に（　　　　　　　　　　　　　　　　　　　　）。

11 I have no <u>thought</u> of going out tomorrow.

明日（　　　　　　　　　　　　　　　　　　　　　　　　　　　　　）。

Word Group: on second thoughts　思い直して

12 I was about to go into the bar. <u>On second thoughts</u>, I went right back to my house.

酒場に（　　　　　　　　　　　　　　　　　　　　　　　　　　　　）。

【練習問題】

1 お金の問題をまだ<u>よく考え</u>ていない。（m____ t______）

I ____.

2 彼女は部屋の中を<u>行ったり来たりしながら</u>思案にふけっていた。（g____ u___ and d____）

She ____.

3 彼女は思いついたことを<u>文章に</u>まとめた。（i ____ w______）

She ____.

4 図書館で他の人に配慮のない人を見かける。

We ____.

5 ウイスキーのびんを棚からとったが、思い直して<u>戻した</u>。（p___ it b____）

I ____.

On ____.

80. *idea* 考えたこと

わかること、見当

1 I had no idea what was in the parcel.

小包に（　　　　　　　　　　　　　　　　　　　　　　）。

2 Do you have any idea where your son is playing now?

お子さんが（　　　　　　　　　　　　　　　　　　　　）。

3 You have no idea how happy I am being no longer married.

離婚して（　　　　　　　　　　　　　　　　　　　　　）。

4 I have not the least idea where the man I was married to is living or what he is doing.

前の（　　　　　　　　　　　　　　　　　　　　　　　）。

5 Will you give me some idea of your birthplace?

あなたの（　　　　　　　　　　　　　　　　　　　　　）。

感じ・気がする（have an idea that ... の形で）

6 I have an idea that I have seen you before at some meeting.

以前（　　　　　　　　　　　　　　　　　　　　　　　）。

7 I have an idea that my boyfriend is going out with another girl.

彼が（　　　　　　　　　　　　　　　　　　　　　　　）。

思いつき、アイデア

8 He is full of ideas.

彼は（　　　　　　　　　　　　　　　　　　　　　　　）。

9 A bright idea came to me in the bath.

いい（　　　　　　　　　　　　　　　　　　　　　　　）。

意見、考え方

10 You have your <u>ideas</u> about education. I have my <u>ideas</u>.

あなたには（　　　　　　　　　　　　　　　　　　　　　　　　　　）。

計画、目的

11 My <u>idea</u> is to make a stop in Osaka for a day or two.

途中（　　　　　　　　　　　　　　　　　　　　　　　　　　　　　）。

12 He went to the Buddhist house with the <u>idea</u> of requesting help from Buddha.

彼はお寺に（　　　　　　　　　　　　　　　　　　　　　　　　　　）。

【練習問題】

1 この<u>金庫</u>に何が入っているか見当がつきますか。（ s____ ）

Do ____?

2 あなたのご両親のことをちょっと話してもらえませんか。

Will ____?

3 <u>ここに</u>以前<u>来たことがある</u>気がする。（ h____ been h_____ ）

I ____.

4 彼女は<u>非凡な</u>発想の固まりだ。（ un________ ）

She ____.

5 彼女は途中ローマ（Rome）に 1、2 週間滞在する計画だった。

Her ____.

81. *desire* -ed, -ing, -er 

…がほしい（have a desire for ... の形で）

1 We all have a great desire for money.

私たちは（　　　　　　　　　　　　　　　　　　　　）。

2 I had a desire for sweets after the meal.

食事の（　　　　　　　　　　　　　　　　　　　　）。

3 I had not much desire for food from a stomach trouble.

お腹の（　　　　　　　　　　　　　　　　　　　　）。

4 I have not so much desire for wine as I had before.

以前ほど（　　　　　　　　　　　　　　　　　　　　）。

…したい（have a desire to ... の形で）

5 I have a desire to go and see him as early as possible.

できるだけ（　　　　　　　　　　　　　　　　　　　　）。

6 The girl has a desire to be an actor when she is a woman.

その子は（　　　　　　　　　　　　　　　　　　　　）。

7 She has a great desire to be free from her mother's control.

母親の（　　　　　　　　　　　　　　　　　　　　）。

…したくて（from a desire to ... の形で）

8 She is working hard from a desire to get good marks in the test.

試験で（　　　　　　　　　　　　　　　　　　　　）。

9 He is working hard from a desire to go up to a higher position.

彼は（　　　　　　　　　　　　　　　　　　　　）。

Word Group: against one's desire　したくないのに

10 The boy was sent to bed <u>against his desire</u>.

その子は（　　　　　　　　　　　　　　　　　　　　　　　　　　　　　　）。

11 She was forced to get married <u>against her desire</u>.

彼女は（　　　　　　　　　　　　　　　　　　　　　　　　　　　　　　）。

【練習問題】

1 お金が<u>あまり</u>欲しく<u>ない</u>人もいる。（l_____）

Some ____.

2 <u>外国</u>を見に行きたいとは思わない。（o_____ c________）

I ____.

3 こどものとき<u>学校の先生</u>になりたいと思っていたの。（s_____t______）

I ____.

4 彼女は<u>有名校</u>に入りたくてせっせと勉強している。（a n_____ school）

She ____.

5 私は意志に反して<u>入院</u>させられた。（g__ into h_______）

I ____.

82. *feeling* 感じ

触ってみる、感じる

1 I was feeling the delicate silk cloth from Chichibu.

優美な（　　　　　　　　　　　　　　　　　　　　）。

2 She had no feeling in her fingers from the cold.

寒気で（　　　　　　　　　　　　　　　　　　　　）。

3 I am feeling a sharp pain here in the stomach.

お腹の（　　　　　　　　　　　　　　　　　　　　）。

感じ・気がする

4 I have a feeling that she is troubled with something about money.

あの人、何かで（　　　　　　　　　　　　　　　　）。

5 I have a feeling that he has something to be very happy about.

あの人、何か（　　　　　　　　　　　　　　　　　）。

感情、同情

6 You seem to have hard feelings for me.

あなたは（　　　　　　　　　　　　　　　　　　　）。

7 We all had a warm feeling for our teacher.

担任の（　　　　　　　　　　　　　　　　　　　　）。

8 It is natural for you to have a feeling against the unkind manager.

不親切な（　　　　　　　　　　　　　　　　　　　）。

9 It is sometimes hard to keep angry feelings under control.

怒りの（　　　　　　　　　　　　　　　　　　　　）。

10 He has no feeling for anyone who is old and feeble.

年取って（　　　　　　　　　　　　　　　　　　　）。

手探りする

11 I was <u>feeling</u> in my pocket for small change.

ポケットの（　　　　　　　　　　　　　　　　　　　　　　　　　　　）。

12 I was <u>feeling</u> for the light button in the dark.

暗がりで（　　　　　　　　　　　　　　　　　　　　　　　　　　　）。

【練習問題】

1 靴を通ってくる寒気でつま先の感覚がなかった。

I ____.

2 彼は家族と<u>うまくいって</u>いないようだね。（ g______ o___ w____ with ）

I ____.

3 私たちはみんな新しい先生に<u>たいへん</u>反感を持った。（ s______ ）

We ____.

4 その先生は<u>できない生徒たち</u>に思いやりがない。（ s_____ learners ）

The ____.

5 私は暗がりで<u>鍵穴</u>を手探りした。（ k____ h_____ ）

I ____.

83. *hope* -ed, -ing, -er 望み

望み、期待

1 I am hoping that the sun will be out tomorrow.

明日（　　　　　　　　　　　　　　　　　　　　　　　　　）。

2 I am truly hoping to see you again.

ほんとうに（　　　　　　　　　　　　　　　　　　　　　　）。

3 I go for a long walk every day hoping to have a good night.

よく（　　　　　　　　　　　　　　　　　　　　　　　　　）。

4 It is her hope to be a medical expert of some sort or other.

彼女の（　　　　　　　　　　　　　　　　　　　　　　　　）。

5 I was full of hope for the future when I was young.

私も（　　　　　　　　　　　　　　　　　　　　　　　　　）。

6 I gave up most of my hopes as I got older.

年を（　　　　　　　　　　　　　　　　　　　　　　　　　）。

見込み、可能性

7 I have no hope of getting back my money bag.

財布を（　　　　　　　　　　　　　　　　　　　　　　　　）。

8 She has little hope of getting over the disease.

彼女の病気が（　　　　　　　　　　　　　　　　　　　　　）。

9 There is no hope that he will get the better of the other in the fight.

彼が試合で（　　　　　　　　　　　　　　　　　　　　　　）。

10 There is no hope that I will be friends with him again.

彼と（　　　　　　　　　　　　　　　　　　　　　　　　　）。

11 There is a good hope of your getting a seat for the music event.

コンサートの（　　　　　　　　　　　　　　　　　　　　　）。

Word Group: hoping against hope　見込みがないのに望む

12 He is hoping against hope for thicker hair.

見込みは（　　　　　　　　　　　　　　　　　　　　　　　　　　　）。

【練習問題】

1 明日、もっと暖かいといいな。

I ____.

2 彼の望みは何かしら法律の専門家になることだ。（l____ e______）

It ____.

3 私はもう将来に望みなどまったくありません。（not the l_____）

I ____.

4 ぼくはその金を銀行に返す見込みがない。（g______ the money b_____）

I ____.

5 彼女がショックから立ち直る可能性はかなりある。

She ____.

84. *use* -ed, -ing, -er 使うこと

使うこと

1 This room is for my use only.

この（　　　　　　　　　　　　　　　　　　　　　　　）。

2 This carriage is for the use of women only.

この車両は（　　　　　　　　　　　　　　　　　　　　）。

3 Public opinion is against the use of land mines in war.

世論は（　　　　　　　　　　　　　　　　　　　　　　）。

4 This building is out of use now.

この建物は（　　　　　　　　　　　　　　　　　　　　）。

5 It had been in use as a boardinghouse.

かつては（　　　　　　　　　　　　　　　　　　　　　）。

6 I got a used automobile at a very low price.

たいへん（　　　　　　　　　　　　　　　　　　　　　）。

7 She is a good user of Basic English.

あの人は（　　　　　　　　　　　　　　　　　　　　　）。

役立つこと、使い道

8 Waste newspaper has a number of uses: for covering something in, cleaning floors, starting a fire with, and so on.

古新聞は（

　　　　　　　　　　　　　　　　　　　　　　　　　　）。

9 I go anywhere on foot or by train. I have no use for automobiles.

どこへでも（　　　　　　　　　　　　　　　　　　　　）。

10 There is no use in having a great amount of money at my years.

私の年齢で（　　　　　　　　　　　　　　　　　　　　）。

Word Group: make use of ... …を使う、利用する

11 It is important to <u>make good use of</u> small spaces in your house.

家の（　　　　　　　　　　　　　　　　　　　　　　　　　　　　）。

12 <u>Make the best use of</u> your time and you will have a happy outcome.

時間を（　　　　　　　　　　　　　　　　　　　　　　　　　　　）。

【練習問題】

1 この部屋は父の専用だ。

This ____.

2 この小部屋は<u>物置</u>に使われている。（s_____r_____）

This ____.

3 下敷きは<u>定規として</u>ナイフとして<u>うちわ</u>としてなど色々使える。

（as a r_____; a w_____-m______）

A plastic board ____

____.

4 私は在宅勤務です。<u>ネクタイ</u>に用はありません。（a n_____-b_____）

I ____.

5 このチャンスを十分に利用することがだいじです。

It ____.

85. *chance* -ed, -ing, -er　サイコロの目

偶然、運

1 Our meeting on the train was only a chance.

電車で（　　　　　　　　　　　　　　　　　　　　　　　　）。

2 The discovery of the wall paintings at Lascaux was made only by chance.

ラスコーの（　　　　　　　　　　　　　　　　　　　　　　）。

3 I was given 10,000 yen for my ticket by a happy chance.

宝くじで（　　　　　　　　　　　　　　　　　　　　　　　）。

4 I was in time for the last train by a happy chance.

幸い（　　　　　　　　　　　　　　　　　　　　　　　　　）。

5 He made money on the horses. He had chance on his side.

競馬で（　　　　　　　　　　　　　　　　　　　　　　　　）。

見込み、可能性

6 There is a good chance of snow today.

きょう（　　　　　　　　　　　　　　　　　　　　　　　　）。

7 There is no chance that he will have a girlfriend.

彼に（　　　　　　　　　　　　　　　　　　　　　　　　　）。

8 I have little chance of having a day off this month.

今月（　　　　　　　　　　　　　　　　　　　　　　　　　）。

機会、チャンス

9 Give me a chance to make another attempt.

もう一度（　　　　　　　　　　　　　　　　　　　　　　　）。

10 I go for a walk whenever I have the chance.

チャンスが（　　　　　　　　　　　　　　　　　　　　　　）。

11 She had a chance of getting married. She let it go by.
結婚の（ ）。

【練習問題】

1 運悪く終電車に乗り遅れた。（by an u______ c______）

I ____.

2 競馬で金を使い果たした。運が向いていなかった。
（went t______ a____ my money; a______ me）

I ____

____.

3 明日、雨の可能性はほとんどない。

There ____.

4 機会があれば必ず一走りします。

I ____.

5 あなたが身を固めるチャンスよ。逃してはだめ。

You ____.

86. *question* -ed, -ing, -er うーんどうしよう

質問、問題

1 The teacher was pleased with the good <u>question</u>.

先生は（　　　　　　　　　　　　　　　　　　　　　）。

2 I had an answer to every <u>question</u> put by the teacher.

先生の（　　　　　　　　　　　　　　　　　　　　　）。

3 I was <u>questioned</u> by a policeman about what I was doing there.

警官に（　　　　　　　　　　　　　　　　　　　　　）。

4 I had not enough time in the test to go through all the <u>questions</u>.

テストで（　　　　　　　　　　　　　　　　　　　　）。

疑い、疑問

5 I am not <u>questioning</u> your word.

あなたの（　　　　　　　　　　　　　　　　　　　　）。

6 She was <u>questioning</u> me with her eyes.

私を（　　　　　　　　　　　　　　　　　　　　　　）。

7 There is no <u>question</u> that he was in another place at the time the crime was done.

犯罪発生時に（　　　　　　　　　　　　　　　　　　）。

（解決すべき）問題

8 It is only a <u>question</u> of time.

それは単に（　　　　　　　　　　　　　　　　　　　）。

9 She gave a talk on the <u>question</u> of the poisoned sea.

海洋汚染（　　　　　　　　　　　　　　　　　　　　）。

10 Who took away the 300,000,000 yen by force at Fuchu in 1968?
That is still an open question.
1968年に府中で（　　　　　　　　　　　　　　　　　　　　　　　　　　）。

Word Group: out of the question　論外、無理

11 It is biting cold outside. Walking is out of the question.
外は（　　　　　　　　　　　　　　　　　　　　　　　　　　）。

【練習問題】

1 彼は次々私に難しい質問をしてきた。（o____ after a_______）

He ____.

2 私は門番に用件を聞かれた。（d_____-k______; my b________ there）

I ____.

3 私のことばを疑っているのですか。

Are ____?

4 彼は大気汚染の問題について講演をした。

He ____.

5 外は焼けるような暑さだ。庭いじりなど論外です。（b_______ w______）

It ____.

87 doubt -ed, -ing, -er 確信がもてない

疑う、信用できない

1 I have <u>doubts</u> about this advertisement for a new air cleaner.

この（　　　　　　　　　　　　　　　　　　　　　　　　　　　　　　）。

2 "TV says we are having rain after twelve."

テレビで（　　　　　　　　　　　　　　　　　　　　　　　　　　　　）。

"I have <u>doubt</u> about that. There is no cloud in the sky."

それ（　　　　　　　　　　　　）。だって（　　　　　　　　　　　　　）。

3 "I have some <u>doubts</u> about what he said."

彼の（　　　　　　　　　　　　　　　　　　　　　　　　　　　　　　）。

"Do you? I am not <u>doubting</u> him at all.

そうなの。私は（　　　　　　　　　　　　　　　　　　　　　　　　　）。

4 My word was <u>doubted</u> by all the others.

私のいったことは（　　　　　　　　　　　　　　　　　　　　　　　　）。

5 There is no <u>doubt</u> that we will have snow today.

きょう（　　　　　　　　　　　　　　　　　　　　　　　　　　　　　）。

6 I have some <u>doubt</u> if he will be on our side till the last minute.

彼が（　　　　　　　　　　　　　　　　　　　　　　　　　　　　　　）。

7 I have no <u>doubt</u> that she is a mother of two or three.

あの人が（　　　　　　　　　　　　　　　　　　　　　　　　　　　　）。

迷っている、不確か（in doubt の形で）

8 The road was branching into three. I was <u>in doubt</u> which way to take.

道は（　　　　　　　　　　　　　　　　　　　　　　　　　　　　　　）。

9 I am still <u>in doubt</u> what dress to be in for the event.

行事に（　　　　　　　　　　　　　　　　　　　　　　　　　　　　　）。

Word Group: without doubt　疑いなく

10 This is <u>without doubt</u> the best of all his works.

これは（　　　　　　　　　　　　　　　　　　　　　　　　　　　　　）。

11 She took part in the crime <u>without doubt</u>.

その犯罪に（　　　　　　　　　　　　　　　　　　　　　　　　　　　）。

【練習問題】

1 この<u>英語がすぐできる</u>っていう広告信用しない。（q____ English l_______）

I ____.

2 彼が<u>借金から抜け出せる</u>かちょっと疑わしい。（g___ out of d____）

I ____.

3 彼女が<u>何か教える仕事</u>なのは疑いない。（in t______ b______）

I ____.

4 駅でどの電車に乗るか迷った。

I ____.

5 彼がその犯罪で<u>重要な役割</u>を果たしたのは確かだ。（an i________ p____）

He ____.

88. *purpose* -ed, -ing, -er これをやろう

目的、意図

1 I have been learning Spanish for business purposes.

スペイン語を（　　　　　　　　　　　　　　　　　　　　　　　）。

2 "What is the purpose of your going to university?"

大学に（　　　　　　　　　　　　　　　　　　　　　　　　　）。

"I have no special purpose at all."

特に（　　　　　　　　　　　　　　　　　　　　　　　　　　）。

3 She got married to the old man for the purpose of having his property after his death.

老人と（　　　　　　　　　　　　　　　　　　　　　　　　　）。

意志、決意

4 Noguchi is an example of a man of strong purpose.

野口は（　　　　　　　　　　　　　　　　　　　　　　　　　）。

5 I am never able to give up smoking. I am not strong of purpose.

どうしても（　　　　　　　　　　　　　　　　　　　　　　　）。

6 She is purposing to go away from her family for ever.

家族を（　　　　　　　　　　　　　　　　　　　　　　　　　）。

成果、効果（to no [little] purpose の形で）

7 We sometimes do hard work to little purpose.

努力しても（　　　　　　　　　　　　　　　　　　　　　　　）。

8 The police have been after the outlaw over a year to no purpose.

警察は（　　　　　　　　　　　　　　　　　　　　　　　　　）。

Word Groups: without [for no] purpose　あてもなく

9 After I gave up my work three years back, I have been living <u>without purpose</u>.

3年前に（　　　　　　　　　　　　　　　　　　　　　　　　　　　）。

10 Getting about town <u>for no purpose</u> gives me some pleasure.

街を（　　　　　　　　　　　　　　　　　　　　　　　　　　　　）。

【練習問題】

1 彼らは<u>軍事</u>目的で犬を<u>訓練して</u>いる。（t_______; m_______）

They are ____.

2 その男は<u>財布をねらって</u> <u>わざとぶつかってきた</u>。

（came a______ me on p_______; f__ my m______ bag）

The man ____.

3 伊能忠敬は意志の強い人間の典型だ。

Ino Tadataka ____.

4 警察はその女の子の捜索を一週間以上続けているが手がかりはほとんどない。

The police ____.

5 <u>デパ地下</u>をあてもなく歩くのが楽しい。（floors u_____ street l_____）

Getting ____.

89. book -ed, -ing, -er　ページのあるもの

本、書籍

1（of, in, on, out, by, with, for, about）

a book (　　) young ones　子供向けの本

a book (　　) 150 pages　150 ページの本

a book (　　) Soseki　漱石の著書　　a book (　　) English　英語の本

a book (　　) pictures　挿絵入りの本　　a book (　　) verses　詩の本

a book (　　/　　) the moon　月についての本

a book (　　) of print　絶版の本

2 I got two copies of a science book by Mr. Fujii about the moon.

藤井氏の（　　　　　　　　　　　　　　　　　　）。

3 Her book is still in print.　彼女の本は（　　　　　　　　　　）。

綴じられて表紙のあるもの（手帳・電話帳・通帳など）

4 I am not in the telephone book.

電話帳に（　　　　　　　　　　　　　　　　　　）。

5 I have a notebook with me all the time.

私は（　　　　　　　　　　　　　　　　　　）。

6 He has a checkbook with him for business purposes.

業務用に（　　　　　　　　　　　　　　　　　　）。

7 We do not see any matchbook these days.

この頃（　　　　　　　　　　　　　　　　　　）。

帳簿、名簿

8 He keeps books in his office. He is the bookkeeper there.

彼は（　　　　　　　　　　　　　　　　　　）。

9 The society took his name off the <u>books</u>.

協会は（　　　　　　　　　　　　　　　　　　　　　　　　　　）。

予約する

10 You have no chance of <u>booking</u> seats for the play this week.

その芝居の（　　　　　　　　　　　　　　　　　　　　　　　　）。

11 “May I have a room tonight?” “Well, all rooms are <u>booked</u>.”

今夜、（　　　　　　　　　　　　　　　　　　　　　　　　　　）。

えーと（　　　　　　　　　　　　　　　　　　　　　　　　　　）。

【練習問題】

1 500 ページ<u>以上</u>の厚い本を買った。（ o_____ ）

I ____.

2 私は内田氏の漱石についての本を二部買った。

I got ____.

3 電話帳に名前を載せていますか。

Are ____?

4 <u>私たちの会の</u>会計をしてもらえないかしら。（ for o___ s_____ ）

Will you ____?

5 その<u>夜行列車の寝台</u>を予約できる見込みはないよ。（ a b____ in the n_____ t____ ）

You ____.

90. *way* 何かに至る道

道

1 There are some different ways of going to the station.

駅へ（ ）。

2 This is the shortest way to the station.　これが（ ）。

3 There is a narrow, twisting way through the wood.

森を（ ）。

4 My letter is on its way to you.　私の手紙が（ ）。

方法

5 There are a number of different ways of cooking fish.

魚の（ ）。

6 Basic English is the best way of learning English.

ベーシックは（ ）。

習慣、くせ

7 They have different ways in America from ours.

アメリカ人の（ ）。

8 He has a bad way of talking tall while drinking.

飲むと（ ）。

道のり、隔たり

9 My house is a long way off. It takes about one hour.

私の家は（ ）。

10 I saw the steam engine coming from a long way off.

蒸気機関車が（ ）。

11 It was getting dark but we still had a long <u>way</u> to go.

暗く（　　　　　　　　　　　　　　　　　　　　　　　　　　　　　　）。

12 My birthday is not a long <u>way</u> off.　誕生日は（　　　　　　　　　　　　　　　　）。

Word Groups: in the [one's] way　じゃまになって
give way　くずれる、屈する

13 Your automobile is <u>in the way</u> of walkers.

あなたの（　　　　　　　　　　　　　　　　　　　　　　　　　　　　）。

14 Ice over the water <u>gave way</u> under his feet.

水面の（　　　　　　　　　　　　　　　　　　　　　　　　　　　　　）。

【練習問題】

1 駅へはこの道の方が近いよ。

This ____.

2 <u>酒類</u>をつくる方法は非常にたくさんあります。（a______ d_____）

There ____.

3 彼女は<u>人の話に割り込む</u>悪いくせがある。（c______ into others' t____）

She ____.

4 春はまだまだ先だ。

Spring ____.

5 床の一部が私の重みで崩れた。

Part ____.

91. right -ly ふさわしい

右

1 I do more with my right hand than left. I am right-handed.

左手よりも（　　　　　　　　　　　　　　　　　　　　　　）。

2 The automobile went right at the meeting point.

車は（　　　　　　　　　　　　　　　　　　　　　　）。

3 There was a meeting place of two floors on the right side of the street.

通りの（　　　　　　　　　　　　　　　　　　　　　　）。

正しい

4 This is not the only right answer to the question.

これだけが（　　　　　　　　　　　　　　　　　　　　　　）。

5 She is well over fifty if my memory is right.

私の記憶が（　　　　　　　　　　　　　　　　　　　　　　）。

6 It is not right for little ones to keep up late at night.

子供が（　　　　　　　　　　　　　　　　　　　　　　）。

適している

7 The weather is right for washing today.　きょうは（　　　　　　　　　　）。

8 These shoes are quite right for you.　この靴（　　　　　　　　　　）。

9 I have no doubt that she is the right person for the position.

彼女が（　　　　　　　　　　　　　　　　　　　　　　）。

権利（the right to ... の形で）

10 Everyone has the right to education.

だれでも（　　　　　　　　　　　　　　　　　　　　　　）。

11 We have got the rights to do business in that country.
その国で（　　　　　　　　　　　　　　　　　　　　　　　　　　　）。

Word Group: put ... right　正しい状態にする、直す

12 The teacher put my answers right with a red pen.
先生は（　　　　　　　　　　　　　　　　　　　　　　　　　　　）。

【練習問題】

1 通りの右側に小さな空き地があった。（a s_____ open s_____）

There ____.

2 記憶が正しければ彼はまだ 70 になっていない。

He ____.

3 子供が必要以上にお金を持つのはよくない。
（h____ more m______ than is n________）

It ____.

4 きょうはお出かけ日和だ。

The ____.

5 二人の娘は父親の財産に同等の権利がある。
（e_____ rights t__ their father's p_______）

The two ____.

92. *from* …から

…から（出発点）

1 A boy came springing <u>from</u> under the table.

こどもが（ ）。

2 This current comes <u>from</u> a spring at the foot of the mountain.

この流れは（ ）。

3 There is a way under the sea for trains <u>from</u> Honshu to Hokkaido.

本州から（ ）。

4 She will be back two years <u>from</u> now.

戻るのは（ ）。

…から（出所、材料）

5 We get milk <u>from</u> cows. We get eggs <u>from</u> fowls.

牛乳は（ ）。卵は（ ）。

6 She is <u>from</u> a high family.

彼女は（ ）。

7 This is Mr. Tanaka <u>from</u> the head office.

こちらは（ ）。

8 What is this food made <u>from</u>?

この（ ）。

…から（原因、理由）

9 He had a black mark over his eyes <u>from</u> a blow.

額に（ ）。

10 I had a pain in the eyes <u>from</u> the bright sun on the snow.

雪に（ ）。

11 I saw from his face that he was giving me a false story.

顔つきから（　　　　　　　　　　　　　　　　　　　　　　　　　）。

…から（遠く離れて）

12 She is having a rest from work by the seaside.

仕事から（　　　　　　　　　　　　　　　　　　　　　　　　　）。

13 This book is far from interesting.

この本（　　　　　　　　　　　　　　　　　　　　　　　　　）。

14 I am far from being ready to get married.

結婚なんて（　　　　　　　　　　　　　　　　　　　　　　　　　）。

【練習問題】

1 ミミズが土の下からにょろにょろ出てきた。（ a w_____; t_________ ）

A ____.

2 この流れは山の中腹の窪地から出てくる。（ a h_____ h___way u___ the mountain ）

This ____.

3 彼は栃木の旧家の出身です。

He ____.

4 彼女は膝にぶつけた跡があった。

She ____.

5 ペットを飼うなんてとてもできる状態じゃない。（ an a______ f______ ）

I ____.

93. *to* …へ

…の方へ

1 A signboard had a fall down to the street.
看板が（　　　　　　　　　　　　　　　　　　）。

2 The teacher was at the chalkboard with her back to the learners.
先生は（　　　　　　　　　　　　　　　　　　）。

3 I got through this book on my way to and back from my office.
会社の（　　　　　　　　　　　　　　　　　　）。

4 "Time is up," said the teacher pointing to the clock.
時計を（　　　　　　　　　　　　　　　　　　）。

5 We were working from sunup to sundown.
日の出から（　　　　　　　　　　　　　　　　）。

6 I am having an addition to my house this year.
今年、（　　　　　　　　　　　　　　　　　　）。

…に合わせて

7 They were dancing in poor light to jazz music from a record.
薄暗い（　　　　　　　　　　　　　　　　　　）。

8 The room I had at the hotel was not to my taste.
そのホテルで（　　　　　　　　　　　　　　　）。

…に対して

9 The street is parallel to the railroad.
通りは（　　　　　　　　　　　　　　　　　　）。

10 I am almost three million yen in debt to her.
彼女に（　　　　　　　　　　　　　　　　　　）。

11 A foot is equal <u>to</u> twelve inches.

1フィートは（　　　　　　　　　　　　　　　　　　　　　　　　）。

12 The rough map you made was a great help <u>to</u> me.

あなたがざっと（　　　　　　　　　　　　　　　　　　　　　　）。

【練習問題】

1 先生は私たちに背を向けて窓辺にたたずんでいた。

The ____.

2 お店の行き帰りに<u>ゴミを捨て</u>郵便を出した。（put a_____ w_____）

I ____.

3 去年、家族が増えてね。

I ____.

4 彼らは暗いところで楽団の音楽に合わせて踊っていた。

They ____.

5 テーブルは黒板に平行においてね。

Put ____.

94. between あいだ

…の間（空間的に）

1 The river goes <u>between</u> the two countries.

川は（　　　　　　　　　　　　　　　　　　　　　　　　　　　　　　）。

2 The war <u>between</u> the two countries came to an end at last.

二国間の（　　　　　　　　　　　　　　　　　　　　　　　　　　　　）。

3 What is the number of stations <u>between</u> Ikebukuro and Kawagoe?

池袋と（　　　　　　　　　　　　　　　　　　　　　　　　　　　　　）。

4 The place is <u>between</u> five and six miles to the east from here.

その場所は（　　　　　　　　　　　　　　　　　　　　　　　　　　　）。

5 There was a fight <u>between</u> the two dogs over the only one bone.

たった（　　　　　　　　　　　　　　　　　　　　　　　　　　　　　）。

…の間（時間的に）

6 I have my night meal <u>between</u> seven and eight.

7 時と（　　　　　　　　　　　　　　　　　　　　　　　　　　　　　）。

7 Take nothing <u>between</u> regular meals and you will not be fat.

三食の（　　　　　　　　　　　　　　　　　　　　　　　　　　　　　）。

8 It will take <u>between</u> three and five years to get the new bridge ready.

新しい橋を（　　　　　　　　　　　　　　　　　　　　　　　　　　　）。

…の間（年齢・温度・色などが）

9 Our body heat is kept normally <u>between</u> 35 and 37℃ .

体温は（　　　　　　　　　　　　　　　　　　　　　　　　　　　　　）。

10 A man of <u>between</u> 30 and 50 years was seen going off from where the crime was done.

犯行現場から（　　　　　　　　　　　　　　　　　　　　　　　　　）。

11 She had on a coat of the color <u>between</u> green and yellow.

緑と（　　　　　　　　　　　　　　　　　　　　　　　　　　　　）。

【練習問題】

1 二国間の戦争は<u>まだ続いて</u>いる。（ s____ g____ on ）

The ____.

2 駅はここから西に 3、4 キロ先です。

The ____.

3 一つしかない<u>ケーキ</u>をめぐって女の子二人はけんかになった。（ b___ of c____ ）

There ____.

4 間食しなければ<u>ビールがおいしくなる</u>よ。（ your beer will h____ a better t_____ ）

Take ____

____.

5 彼はと青とグレーの中間色の帽子をかぶっていた。

He ____.

95. *send* どこかへ移動させる

送る

1 I <u>sent</u> cards from India by post to some of my friends.

インドから（　　　　　　　　　　　　　　　　　　　　　　　　）。

2 The letter she <u>sent</u> a week back came to me only yesterday.

一週間前に（　　　　　　　　　　　　　　　　　　　　　　　　）。

3 These flowers were <u>sent</u> from Chiba by the first train.

この（　　　　　　　　　　　　　　　　　　　　　　　　　　　）。

行かせる

4 It is bad to <u>send</u> your little ones for drink or tobacco.

子供に（　　　　　　　　　　　　　　　　　　　　　　　　　　）。

5 I will <u>send</u> my secretary with word for you.

秘書に（　　　　　　　　　　　　　　　　　　　　　　　　　　）。

6 The mother gave a quiet song to <u>send</u> her baby to sleep.

母親は（　　　　　　　　　　　　　　　　　　　　　　　　　　）。

投げる、飛ばす

7 The bad boy <u>sent</u> stones at the dog.

その悪い子は（　　　　　　　　　　　　　　　　　　　　　　　）。

8 Nagashima <u>sent</u> the ball out of the baseball field.

長嶋が（　　　　　　　　　　　　　　　　　　　　　　　　　　）。

…にする

9 The war <u>sent</u> up prices of everything.

戦争で（　　　　　　　　　　　　　　　　　　　　　　　　　　）。

10 The girl was <u>sent</u> away from school for doing some wrongs.
その子は（ ）。

11 We <u>sent</u> a great stone rolling down the sharp slope.
大岩を（ ）。

12 The sudden death of his daughter <u>sent</u> him out of his mind.
突然（ ）。

（光・匂いなどを）発する（send out ... の形で）

13 The *ume* flowers were <u>sending out</u> a sweet smell in all directions.
梅の花が（ ）。

【練習問題】

1 私は著書を<u>小包郵便</u>で友人何人かに送った。（ by p_____ post ）

I ____.

2 秘書に<u>書類</u>を持たせて行かせます。（ p______ ）

I ____.

3 子供たちは<u>川の向こう岸</u>に石を投げていた。（ a_____ the r_____ ）

The boys ____.

4 私たちはその<u>丸太</u>を川に転がり落とした。（ the s_____ of a t_____ ）

We ____.

5 息子が突然死んで彼女は気が変になった。

The ____.

96. *direction* 指し示す

方向、方角

1 We seem to be going in the wrong <u>direction</u>.

私たちは（　　　　　　　　　　　　　　　　）。

2 Our houses are in the same <u>direction</u>.

私たちの（　　　　　　　　　　　　　　　　）。

3 The circling wind is going at 60 km an hour in the <u>direction</u> of northeast.

台風は（　　　　　　　　　　　　　　　　）。

4 A bad smell was coming from the <u>direction</u> of the animal farm.

牧場の（　　　　　　　　　　　　　　　　）。

5 A bottle came down on the floor sending small bits of glass in all <u>directions</u>.

びんが（　　　　　　　　　　　　　　　　）。

6 You seem to have a very poor sense of <u>direction</u>.

あなたは（　　　　　　　　　　　　　　　　）。

指示、案内

7 A kind woman gave me clear <u>directions</u> to the station.

親切な（　　　　　　　　　　　　　　　　）。

8 The motion picture was produced under the <u>direction</u> of Kawase.

その映画は（　　　　　　　　　　　　　　　　）。

9 He gave me <u>directions</u>. I only did it under his <u>direction</u>.

あいつが（　　　　　　　　　　　　　　　　）。

使用法、手引き

10 See the <u>directions</u> printed on the bag.

袋に（　　　　　　　　　　　　　　　　）。

11 In the box was a small, thin book giving <u>directions</u> for the use of the camera.

箱の中に（　　　　　　　　　　　　　　　　　　　　　　　　　　）。

【練習問題】

1 どうも私たちは<u>正反対の</u>方角に進んでいるようだ。（the o_______）

We ____.

2 私たちの家はみんな違う方角にあります。

Our ____.

3 列車は時速 120 キロで南東に進んでいる。

The ____.

4 <u>警察署</u>への行き方を教えてもらえますか。（p_____ s_______）

Will ____?

5 箱の中にやかんの使い方を書いた<u>紙</u>が入っていた。（a b___ of p_____）

In ____.

97. cover -ed, -ing, -er おおい

おおい

1 I put a cover over the machine to keep it from dust.

ほこりを（ ）。

2 He gave a cough covering his mouth with his hand.

手で（ ）。

3 Three quarters of the earth's outside is covered with water.

地球の（ ）。

4 The part of the floor at the back of the chest was thickly covered with dust.

たんすの（ ）。

ふた、表紙、封筒

5 Keep the cover of the pot half-open when boiling something in it.

何か（ ）。

6 Some of the books on the shelf were in leather covers.

棚の（ ）。

7 I will send you a ticket for the music event under the same cover.

コンサートの（ ）。

隠れ場所、避難所

8 There was no cover in the field from the sun.

野原には（ ）。

9 A tree gave me cover from the rain.

木が（ ）。

10 The thick wood was cover for the army from the gunfire.

茂った（ ）。

保険をかける

11 This house is covered against fire.　この家には（　　　　　　　　　　　　）。

Word Groups: under cover of ...　…にまぎれて、を口実に
take cover　隠れる、避難する

12 The storekeeper, who was deep in debt, went away under cover of night.

店主は（　　　　　　　　　　　　　　　　　　　　　　　　　　　）。

13 We took cover from the sun under a tall tree.

高い木の（　　　　　　　　　　　　　　　　　　　　　　　　　　）。

【練習問題】

1 私はバッグに雨よけカバーをかけた。

I ____.

2 彼女は手で口をおおってくしゃみをした。（a s______）

She ____.

3 屋根は落ち葉に厚く覆われていた。（d___ l______）

The roof ____.

4 この家には地震保険がかけられていません。（e_____-s_____）

This ____.

5 私たちは軒下で雨宿りした。（the e___ of the r___）

We ____.

98. do　する

する

1 The old man has nothing to do day after day.

老人は（　　　　　　　　　　　　　　　　　　　　　　　　　　　）。

2 “What will you do tomorrow?” “I will do some walking.”

あしたは（　　　　　　　　　　　　）。ちょっと（　　　　　　　　　　　　）。

3 I do the ironing myself.

アイロン（　　　　　　　　　　　　　　　　　　　　　　　　　　）。

4 Do you do much cooking?

料理は（　　　　　　　　　　　　　　　　　　　　　　　　　　　）。

5 My mother does so much marketing whenever she goes downtown.

母は（　　　　　　　　　　　　　　　　　　　　　　　　　　　　）。

（習慣的なことを）する

6 My little boy does his bed himself.

うちの子（　　　　　　　　　　　　　　　　　　　　　　　　　　）。

7 “I will do the floor. Will you do the windows?”

床はぼくが（　　　　　　　　　　　　　　　　　　　　　　　　　）。

8 She did her face before going out.

外出する（　　　　　　　　　　　　　　　　　　　　　　　　　　）。

9 Father does the garden every Sunday.

父は（　　　　　　　　　　　　　　　　　　　　　　　　　　　　）。

（うまく、まずく）やる、暮らす（+ well / badly の形で）

10 “How are you doing in business?” “Oh, very badly.”

商売の（　　　　　　　　　　　　　　　　　　　　　　　　　　　）。

11 I was working hard to <u>do</u> well in the history test.
歴史の（ ）。

間に合う、代わりになる（will do for ... の形で）

12 Ten thousand yen will <u>do</u> for today.
きょうは（ ）。

13 This room will <u>do</u> for the meeting of ten persons.
十人の（ ）。

14 This box will <u>do</u> for a table.　この箱（ ）。

【練習問題】

1 今夜、何するつもり。<u>もちろん</u>飲みに行くけど。（n________）

"What ________________________________?"

"I ________________________________."

2 部屋は私がするからご飯作ってくれる。

"I ________________. Will ________________?"

3 <u>食事の後は必ず</u>歯を磨きます。（a_____ e______ m_____）

I ________________________________.

4 おうちの方いかがお過ごしですか。すごく元気です。

"How ________________?" "Oh, ________________."

5 この下敷きナイフにも<u>定規</u>にもなるよ。（a r______）

This plastic board ________________________________.

99. *have* そばにある

（ものや性質を）もっている

1 He <u>has</u> a sweet voice like an actor's.

彼は（　　　　　　　　　　　　　　　　　　　　　　）。

2 Mother is over 80 but she still <u>has</u> a long memory.

母は（　　　　　　　　　　　　　　　　　　　　　　）。

3 I <u>have</u> a very good memory for telephone numbers.

電話番号を（　　　　　　　　　　　　　　　　　　　　）。

（ある状態に）なっている

4 He <u>had</u> one hand in his pocket and the other on the back of the seat.

片手を（　　　　　　　　　　　　　　　　　　　　　　）。

5 He <u>has</u> twenty persons under him at his office.

会社で（　　　　　　　　　　　　　　　　　　　　　　）。

6 The table <u>has</u> some marks on its top from rubbing.

テーブルの（　　　　　　　　　　　　　　　　　　　　）。

7 The water <u>has</u> an island in the middle of it.

池の（　　　　　　　　　　　　　　　　　　　　　　　）。

経験する

8 I <u>had</u> a pain in the back tooth, which kept me from going to sleep.

奥歯が（　　　　　　　　　　　　　　　　　　　　　　）。

9 I <u>had</u> a bad time in that country. I have no desire to go there again.

あの国では（　　　　　　　　　　　　　　　　　　　　）。

10 We generally <u>have</u> a great amount of rain in June.

普通（　　　　　　　　　　　　　　　　　　　　　　　）。

11 We <u>had</u> a beautiful view from the top of the mountain.

山の（　　　　　　　　　　　　　　　　　　　　　　　　　　　　　　　　）。

食べる、飲む

12 Most of us <u>have</u> three meals every day.

ほとんどの（　　　　　　　　　　　　　　　　　　　　　　　　　　　　）。

（ある行為を）する（have a ... の形で）

13 She <u>had</u> a quick look at her watch.　彼女は（　　　　　　　　　　　　　）。

【練習問題】

1 人の名前をすぐ忘れてしまいます。

I ____.

2 庭の真ん中に<u>くぼみ</u>がある。（ a h______ ）

The ____.

3 あの町はとても楽しかった。またぜひ行きたい。

I ____.

I ____.

4 その食堂で<u>大急ぎで食事</u>した。（ a q____ m____ ）

I ____.

5 彼は<u>顔を伏せて</u>思い切り泣いた。（ w___ his f___ d____ ）

He ____.

100. be　そうなっている

be + 短い単語　で何でも簡単に言える

1 The sun is down.　日が（　　　　　　　　　　）。

2 The sea is out now.　潮が（　　　　　　　　　　）。

3 The wind is down and the rain is over.

風が（　　　　　　　　　　）。

4 My weight is up by five kilograms in one month.

一月で（　　　　　　　　　　）。

5 I am halfway through this book.

この本を（　　　　　　　　　　）。

6 I will be away on business for two months.

仕事で（　　　　　　　　　　）。

7 Mr. Kato was in but not up when I went to his house.

私が（　　　　　　　　　　）。

be と to がむすびつく言い方

(1) have been to ...　① …へ行ったことがある
② …へ行ってきたところだ

8 I have been to Kamakura tens of times.

鎌倉には（　　　　　　　　　　）。

9 "I have never been to Nikko or Hakone." "You don't say!"

日光も（　　　　　　　　　　）。

10 Oh, you have been to the hairdresser's.

あら、床屋に（　　　　　　　　　　）。

11 We have all been to the pictures tonight.

今夜、映画に（　　　　　　　　　　）。

(2) be to ... …することになっている

12 That woman <u>is to</u> get married to my brother.

She <u>is</u> my sister-in-law-<u>to</u>-be.

あの女性は（　　　　　　　　　　　　　　　　　　　　　　　　　　　）。

やがて（　　　　　　　　　　　　　　　　　　　　　　　　　　　　　）。

13 My daughter <u>is</u> a policewoman-<u>to</u>-be.

娘は（　　　　　　　　　　　　　　　　　　　　　　　　　　　　　　）。

【練習問題】

1 日が昇り潮が満ちている。

The ____.

2 夏が終わり<u>冬鳥</u>が帰ってきた。（ w_____ b_____ ）

Summer ____.

3 夏の間は<u>避暑で</u>いません。（ o___ of the h___ ）

I ____.

4 <u>ちょっと現金を出しに</u>銀行に行ってきたところだ。（ for some r____ m_____ ）

I ____.

5 息子はやがて<u>医者</u>になります。（ a m_______ m___ ）

My ____.

おわりに

この本はベーシック・イングリッシュの中心100語についておよその意味の形を示すために作りました。ベーシック学習のほんの入り口です。ベーシック850語は不要な語は一つもない無駄のないシステムです。それぞれの語の重要度に差はなく実は「中心」はありません。学習を進めてベーシックの全体像をつかんでください。以下、学習に必要な本を紹介します。

1） ベーシック・イングリッシュの入門書

・リチャーズとギブスンの *English through Pictures* はベーシック850語のうち、約500語の意味を絵で示しています。GDMの教科書です。

・オグデンの *Basic by Examples*（北星堂刊）は850語すべての意味の広がりを例文で示しています。

・ロックハートの *Basic Picture Talks*（北星堂刊）は62語の意味の広がりを絵で表した楽しい本です。語に固定した意味はないことを実感します。

2） 作文の本

ちょっと高度ですが、室勝先生と牧雅夫先生と後藤寛先生の著書がたくさんあります。

3） ベーシック・イングリッシュの解説書

相沢佳子先生と後藤寛先生が素晴らしい解説書をたくさん書いておられます。自分に取り付けそうなものを選んで読むといいと思います。

4） ベーシック・イングリッシュの読み物

・ロックハートの *Basic Reading Books* はリズムの整った明解なベーシックが身につく本です。

・室勝先生の『Hojoki』は日本においてベーシック・イングリッシュで書かれた文章の最高峰です。新井の手元に在庫があります。

5） ベーシック・イングリッシュの辞書

・オグデンの *The General Basic English Dictionary* は 2 万語の意味をベーシック・イングリッシュで定義しています。語の意味が英和辞典よりも明解にわかります。

オグデン、ロックハート、室先生の本は書店にありません。GDM 英語教授法研究会に問い合わせると手に入るものもあります。

なお、GDM の活動の一環としてベーシック・イングリッシュの会が毎月、新宿で開催されています。また、毎年 2 月にベーシック・ワークショップが 2 日間で行われます。

解答編

1. see

1）私はめがねがないとよく見えません。2）部屋のいたるところにたくさんの本があった。3）通りのどこにも人がいなかった。4）ゆうべ夢になくなった父が出てきた。5）あした医者に皮膚病を見てもらいます。6）もう行かないといけません。またお会いします。7）日本にいる間に京都、奈良などに行くつもりです。8）家の方はすごく変わりました。9）医者はすぐに私のどこが悪いかわかった。10）一目で彼女がたいへん困っているのがわかった。11）出かける前にドアにみな鍵がかかっているか確かめなさい。12）海がまだ荒れているか見てきてください。 13）家まで車でお送りします。

【練習問題】1) I do not see very well in poor light. 2) I saw my old learners in my sleep last night. 3) I saw with one look that he was in danger. 4) See that the curtains are pulled before you go to bed. 5) He saw me in his automobile to the station.

2. picture

1）あの人は水彩で花の絵を描いている。2）これは私の家と庭の略図です。3）この絵の中で平和は鳩として描かれている。4）彼女の写真を傍らに犬をおいて撮った。5）私たちは黒板を背にして写真を撮ってもらった。6）キートンはたくさんの無声映画で主演した。7）友人たちが戦時中の体験をもとに映画を作った。8）君が生まれた町の様子を話してください。9）この本を読むと戦前の日本の暮らしがざっとわかります。10）彼女がぼくと結婚していたらどんな風かなー。11）子供の頃自分が船乗りになるのを夢見ていた。12）あの人の庭は花の時期には一幅の絵だ。13）彼はお父さんに生き写しだ。14）彼女は勤勉を絵に描いたような人だ。

【練習問題】1) The girl is making a picture of fruits in oils. 2) We had our picture taken with the waterfall at our back. 3) Morishige was starring in a great number of pictures. 4) I am picturing him being married to me. 5) She is the very picture of her mother.

3. put

1）封筒に 140 円分の切手を貼った。2）紙の一番下の線上に名前を書いた。3）井戸の水をびんに入れた。4）犯した罪の罰として刑務所にいれられた。5）部屋を年末までにせいとんします。6）生徒の何人かが私の質問に手を上げた。7）ベルの音で彼らは鉛筆を下に置いた。8）カードをひもでまとめてください。9)赤ん坊を寝かしつけた。10)遠くの波の音がじきに彼を眠らせた。11）あの人は 30 歳のとき自殺した。12）彼は考えをやさしいことばで表すのがうまい。13）先生は自分の考えを簡単な絵で表した。14）私の文章をやさしい英語にしてください。

【練習問題】1) I put no sugar or milk in my coffee. 2) The boys and girls were putting pictures in chalk on the road. 3) The learners put their papers face down at the sound of the bell. 4) The sound of the wind through the leaves put me to sleep before long. 5) I will put your writing into Basic English.

4. *on*

1)なべを火にかけた。2)部屋の天井にハエが何匹かいた。3)ここでは犬をつないでおいてください。4) 部屋が寒いのでコートを着たままでいた。5) 今お金の持ち合わせがない。6) 私の仕事場は春日通りという広い通り沿いだ。7) 彼女の右に座った。8) いつでもあなたの味方です。9) 彼女は私たちにピアノを弾いてくれた。10) その子は片足立ちをしている。11) この本は彼女の長い教職経験に基づいている。12) 今ベーシック・イングリッシュについて本を書いている。13) その町は海から激しく砲撃された。14)部屋に入ったときラジオがついていた。15)劇場で何をやってますか。

【練習問題】1) There were some small insects on the window. 2) His office is on a narrow road at the back of the station. 3) The girl was dancing on her toes. 4) Violent attacks were made on the base from the air. 5) She kept the radio on when she went out.

5. *body*

1)ハリネズミの体は長い鋭いとげで覆われている。2)あの人は体が丈夫で頭の回転が速い。3) 警察は林の中の地面から女性の死体を掘り出した。4) 国によっては死体は焼かれず土葬される。5) 頭と腕と脚は胴体につながっている。6) 飛行機の胴体は黄色と緑の縞に塗られていた。7) 手紙の本文はタイプで打ってあった。8) 政治は現在、一人の支配者ではなく集団によって行われる。9) 北から冷たい気団が日本を覆ってきている。10) 星も地球も宇宙を動く天体だ。11) このワインは非常にこくがある。12) この酒はこくが足りない。

【練習問題】1) The police got the man's body out of the river in a net. 2) The dog has a short body and long legs. 3) The body of the ship was painted in bands of brown and green. 4) Some military men were walking in a band. 5) There is a body of warm air coming over Japan from the south.

6. *hard*

1) この木の実は石のように堅い。2) 地上でいちばん硬い物質は何ですか。3) 母は戦時中つらい経験をたくさんした。4) 今年の夏はほんとうにつらい。5) 先生は時々私たちに難しい質問をする。6) 食事を規則的にするのが難しい。7) 考えを英語にするのは大変難しい。8) ハンマーで石を激しくたたいた。9) 雷を伴って激しく降っていた。10) 赤ん坊はますます激しく泣いていた。11) お嬢さんはなんて勉強家なんでしょう。12) あの人は大酒飲みだ。13) 自分にそんなにきびしくしてはいけない。14) 部屋に入ったら彼は怖い目で私を見た。

【練習問題】1) This seed is as hard as steel. 2) He had a number of hard experiences at school. 3) It is very hard to put Japanese into English. 4) It was raining hard with a strong wind. 5) She gave me a hard look when I said, "Hello!" to her.

7. *time*

1) 時は大河のように流れる。2) 休んだり気晴らしする時間が今日はない。3) 雨で外出できなかった。ほとんど読書で過ごした。4) あの映画は完全な時間の無駄だった。5) 私が生まれたとき父はずいぶん若かった。6)一年のこの時期美しい紅葉が見られます。7)来週の同じ時間にお会いします。

8）列車は 8 時半発車のはずだったが出なかった。9）彼は時流に合わせている。10）戦争に負けた後つらい時代があった。11）結婚は 3 回したが皆すぐに壊れた。12）コロンビアは日本の 3 倍の大きさだ。

【練習問題】1) I gave most of my time to marketing yesterday. 2) The teacher's teaching was a complete waste of time. 3) I will see you at the same time a week from Wednesday. 4) The train was timed to get to the town at six, but it did not. 5) Mt. Fuji is five times as high as Mt. Takao.

8. *up*

1）大きな銀色の魚が水面に上がってきた。2）食料品の値段が雨のせいで上がっている。3）川は増水している。4）老婦人は杖をついて階段を上がった。5）私は上りのエレベーターで 4 階へ行った。6）一晩中仕事で起きていた。7）その男に後ろからそっと近づいた。8）明日いつ来ますか。9）日光も箱根も今まで行ったことがない。10）パーティーのために全身すっかり着飾った。11）彼の資産は酒と女に使い果たされた。12）火事で本と書類が完全に焼かれてしまった。13）あのビルが完成すると日当たりがずっと悪くなるね。14）これ以上君の言葉づかいをがまんできない。

【練習問題】1) The old man went up the slope with the help of a cart. 2) I took the up train to Omiya. 3) All his money has been used up on works of art from old days. 4) When that house is up, we will have no view of the sea. 5) I am unable to put up with your behavior any longer.

9. *get*

1）その子は母からお小遣いをもらった。お菓子の袋をそのお金で買うつもりです。2）電車でかぜをもらったみたいだ。3）彼が突然死んだことを通りすがりの人から知った。4）小学校は九州でした。5）電話の向こうでベルが 3 回鳴って佐藤さんが出た。6）鍵を持っていなかったが浴室の窓から入った。7）30 分で駅まで行くのは難しい。8）ささいなことで怒る。9）日が沈むと部屋は急に寒くなった。10）春は日ごとに日が長くなる。11）部屋を会議ができるようにしてください。12）車を駐車場から出した。13）歯に金を詰めてもらった。14）このタンスはドアを通せない。

【練習問題】1) The girl got some pocket money from her father. She will get a box of colored pencils with the money. 2) It seems I got a cold in the schoolroom. 3) I got my middle-school education in Shikoku. 4) The room quickly got warm after sunup. 5) We get older year by year. 6) I got my automobile into its place headfirst.

10. *down*

1）日が沈んだ。2）穀物の値段が下がった。3）猫が木を降りられない。4）職員室は階段を降りたところです。5）日の当たらない下り坂があった。6）9 時を過ぎていたが父はまだ階下に来なかった。7）昨日の風で通りの木が何本か倒れている。8）伏せていないと撃たれるぞ。9）風が突然やんだ。10）かぜで寝込んでいる。11）またプリンターが故障した。12）食品店に牛乳とバターを買いに行った。13）私たちは日差しの中を通に沿って歩いた。14）このお話は大昔から私たちに伝えられている。

【練習問題】1) The school is down the slope on the left. 2) Some trees in the garden are down after the violent wind last night. 3) Mrs. Suzuki has been down for three days with a bad cold. 4) My house is down the street on the right. 5) This song has come down to us from the days of Edo.

11. give

1）息子にお正月 5 千円あげた。2）船に乗り込む前に赤帽にバッグを渡した。3）長野行きの一等切符に 1 万円以上払った。4）あの人はいつも困っている人を助ける用意がある。5）銀行の跡地はマンションになった。6）門番に名前を名乗った。7）使用法が 3 つのことばで示されている。8)勉強に集中しなさい。9)床が古本の山の重みでへこんだ。10)馬が後ろ足で彼を蹴り殺した。11）いっせいに叫んだら壁からこだました。12）こどもが生まれたときたばこをやめた。13）席を老婦人に譲った。14）犯行の後、警察に自首した。

【練習問題】1) I gave over ten thousand yen for my two-way ticket to Niigata. 2) The school gave place to a hospital. 3) The floor gave under my weight. 4) I gave a loud cry, and the sharp slope gave it back. 5) I gave up drinking when I made a request to a Higher Being.

12. take

1）橋を渡っているとき突風に帽子をさらわれた。2）ドアをたたく前に上着をぬいだ。3）「ちょっと待って」と言って私の腕をつかんだ。4）よそ見をしているときにバッグをとられた。5）この通りを行くと町の真ん中に出ます。6）川べりの散歩に犬をつれていった。7）仕事で年に 2，3 回九州に行きます。8）ふつう魚には白ワインを飲む。9）夕食は 8 時頃食べる。10）作家になるには知識と創意が必要だ。11）高い木の陰で休憩した。12）この小さな町ではおもしろいことはいまだかつて起きたことがない。

【練習問題】1) A black bird took my hat off when I was going across the field. 2) I had my money bag taken by force. 3) My work takes me to Okinawa three or four times a year. 4) I take my first meal about seven thirty. 5) We took a short rest in the shade of the long wall.

13. account

1）自転車で九州一周をした話をしてくれた。2）父は戦時中の体験を時折私に話してくれた。3）夕刊に昨夜の大火の記事が載っていた。4）ウエイターが明細をテーブルに伏せておいた。5）店が先月私が買った食品の請求書を送ってきた。6）会社お店の人たちは帳簿をつけます。帳簿を手元に置いています。7）銀行の口座に 2 千万円以上あります。8）10 万円口座に入れたら残高は 60 万円になった。9）5 万円口座から引き出したら残高はたった 3 千円になった。10）その会社はたくさんの銀行と取引がある。11）自分の年齢を考えに入れた方がいいですよ。

【練習問題】1) She gave us a full account of her journey round Shikoku on foot. 2) The morning paper had an account of the railroad trouble which took place the day before. 3) The bar sent me the account for the drink I had there last month. 4) I took ¥100,000 out of my account and the rest was only ¥10,000. 5) You had better take time into account.

14. agreement

1）ほとんどのことで彼女と意見が合う。2）父の資産をどう分けるか弟と合意している。3）お菓子をどう分けるか女の子たちは合意している。4）中国が台湾問題でアメリカと合意することは決してないだろう。5）日本は 1951 年にアメリカと平和条約を結んだ。6）経営者は労働側と賃上げについて協定を結んだ。7）母親と毎晩 10 時までに帰宅すると協定した。8）その家をもう 2 年借りる契約を家主とした。9）彼は土地を今後 10 年貸す契約をその会社とした。10）二国は自由貿易について合意に達した。

【練習問題】1) I am not in agreement with him about most things. 2) I am in agreement with my sister about the division of my mother's property. 3) Japan made a peace agreement with Russia in 1956. 4) The workers made an agreement with the owner about working shorter hours. 5) I made an agreement with the owner to take his land for another twenty years.

15. pleasure

1）若いころ恋愛小説を読むのが楽しかった。2）町をあてもなく歩くのが楽しい。3）自分の顔を鏡で見ても楽しくない。4）日記をつけるのが彼女には楽しい。5）ダンスは五感に快い。6）あの人鏡に向かって化粧するのが生きがいなのよね。7）お店をあちこち何も買わないで見て歩くのがとても楽しい。8）時には何もしないでいるのが楽しい。9）列車の窓辺で一杯やるのがすごく楽しい。10）彼は一人で飲んでも楽しくない。11）自分で料理するのが楽しい。12）泳いだ後、日光が肌に快かった。

【練習問題】1) Having a walk about sundown gives me some pleasure. 2) Looking at herself in the glass gives her pleasure. 3) She takes great pleasure in dressing herself up. 4) It gives me great pleasure to have a drink up on my feet. 5) After the bath the night wind on my skin was a pleasure to me.

16. pain

1）ちょっと右脇腹が痛い。2）長く歩いたので左足が痛い。3）体のどこも今痛くない。4）赤ちゃんはお腹が痛いみたいだ。5）奥歯の一本が時々痛い。6）脚の切り傷がずきずき痛んだ。7）きょうは頭が痛い。8）膝はまだ痛みますか。9）死者の家族は今悲しみにひたっている。10）息子の犯罪で彼は心をたいへん痛めた。11）私が見舞いに行かなかったので彼女は傷ついた。12）女一人で子供たちを育てるのにたいへん苦労した。13）運動会の準備で先生たちは骨を折った。

【練習問題】1) I have a sharp pain in my left side. 2) I had a pain in the head all through the morning. 3) The bad part in the right arm gives me pain. 4) The relations of the dead person are in great pain now. 5) I took great pains to get ready for the school plays.

17. go

1）落とした財布をさがして通りを行ったり来たりした。2）エアコンは快調だ。3）この道は浦和に行く。4）年を取るにつれて時間がたつのがどんどん速くなる。5）このナイフはどこへいくの。あの引き出しよ。6）雪中でエンジンがストップした。7）彼女は恐怖で青ざめた。8）魚はすぐに悪くなるよ。9）お菓子はあっという間になくなった。10）母は耳が遠くなっている。11）40歳になる前に彼の髪はなくなった。12）家族は皆去り私は全く一人で暮らしています。13）靴がコートと合わない。14）一日だって酒なしではいられない。15）暖かさはこの後しばらく続きます。

【練習問題】1) Does this road go to the station? 2) Where does this box go? It goes on the top shelf. 3) My seeing is going. 4) All her friends have gone and she is living all by herself. 5) Your hat goes very well with your coat.

18. come

1）速達を届けに郵便配達が戸口に来た。2）潮は満ち引きする。3）中程では川の水は胸まで来た。4）女性の鋭い叫びが家の中から聞こえた。5）花の甘い香りが庭からしてきた。6）私たちは来年結婚します。7）家から遠くまで来てしまった。8）昨日あなたの家に行ったけど留守だった。9)暗くなってからやっと宿泊するホテルに着いた。10)トイレに行きたくて夜中に目が覚めた。11）明かりが一斉についた。12）電車が駅間で突然止まった。13）いろいろ苦労したけれど結局何にもならなかった。

【練習問題】1) A smell of something burning was coming from the cooking-room. 2) I will go into hospital in the coming week. 3) I will come to your house in three days. 4) I come awake every night two or three times for the bathroom. 5) The meeting will come to an end by six.

19. let

1）猫をベッドに入れてやった。2）犬を野原で走らせた。3）髪を伸ばしています。4）もちろん酒を飲みたいけど家族がさせてくれない。5）水面に上がって息を吐き出した。6）厚い窓は騒音を室内に入れない。7）厚いカーテンは光を通さない。8）薄い屋根は熱を通す。9）部屋から悪い空気を出そうと窓が開けられた。10）子供がドアまで来て私を通した。11）夏の間海辺の家を貸します。12)土地の一部を年決めでその会社に貸しています。13)息子は学校で悪い点を取って私たちをがっかりさせた。

【練習問題】1) Naturally I have a desire for a smoke, but my family does not let me. 2) The roof is letting rain in. 3) He came to the door but did not let me in. 4) She lets two rooms in her house by the month. 5) Our daughter let us down by giving up school.

20. keep

1）昼間暑いうちは犬を屋内に入れておいた。2）風雨で一日外に出られなかった。3）ゴム輪でカードがまとめられている。4）会議では人目を引かないように黙っていた。5）顔を伏せて5分間も咳をし続けた。6)学校では手をポケットから出していなさい。7）このケーキ日持ちしますか。

8）彼女の写真は一生持っています。9）お金をタンスに保管する人もいる。10）食料を床下に保存しています。11）祖母は食料品店を経営しています。従業員が2人います。12）何かペットを飼っていますか。13）いつでも約束を守れば評判がよくなります。

【練習問題】1) The snow kept them in the house all day long. 2) The great noise of wind kept me awake all night long. 3) She kept laughing almost ten minutes with her eyes watering. 4) Some persons keep their money in their iceboxes. 5) My mother's brother keeps a small country hotel. He keeps three workers there.

21. make

1）端切れでカーペットを作った。2) 河原で枯れ枝で火を起こした。3）犬が地面に食べ物をとっておく深い穴を掘っている。4）何か教えてたくさん稼ぐのは難しい。5）ヒーターが変な音を立てている。どこか故障しているね。6）お茶をいれる前にポットを暖めなさい。7）この頃何も楽しくない。8）この地味なコートだと老けて見えるよ。9）佐々木先生は私を眠らせてしまう。特に午後の授業で。10）5たす3は8。11）この煉瓦塀は刑務所です。12）この本はいい読み物です。13）その駅で別の電車に乗り換えた。14）電車で化粧するのはよくない。15）罪を逃れようと話をでっち上げるのは悪い。

【練習問題】1) We made a fire of dead leaves in the field. 2) They made a deep hole in the snow to keep them from the cold there. 3) This bright dress will make you younger. 4) Any of his books makes good reading. 5) It is not good to make up before others.

22. seem

1) 鉛筆をコップの水に入れると曲がって見える。2) 水中にある体の部分は実際より大きく見える。3）お風呂のあと空気が肌に冷たく感じられた。4）月は空の低いところだと大きく見える。5）あの人50歳くらいだけど30代に見える。6）まったく年を取らないみたいだ。7）すごく偉い人だが決してそう見えない。8）表情から見てたいへん困っているようだ。9）あの人私服の警察官らしい。10）教室でいっしょだったの昨日のことみたいね。11）あの人誰かにだまされていると思う。12）何かすごく悪いことが起こると私は思う。

【練習問題】1) By his side you seem small. 2) After the swim the air seemed warm on my skin. 3) Mrs. Kato is well over seventy, but she seems to be in her sixties. 4) It seems like yesterday that we had school meals together. 5) It seems to me that he is unmarried and living by himself.

23. say

1）言われることがよくわかりません。もっと大きな声で言ってください。2）この単語どう読むの。3）そんなことを先生に言ってはいけません。4）援助の申し出を彼は拒否した。5）あの人は化粧しないのがいちばんの化粧と言っている。6）やらないよりは遅れる方がいいと人は言う。7）誰とも二度と結婚しないと思った。8）彼とはもうかかわらないと彼女は思った。9）標識に大きな太字で立ち入り禁止と書いてある。10）新聞にとても寒い冬になりそうだと書いてある。

11）道は地図にかいてあるのとは違っていた。12）顔に悲しいとかいてあった。13）ここで一杯やるのはいかがですか。

【練習問題】1) How do you say his family name? 2) I said to myself that I would keep out of their way for ever. 3) The sign says in great, red letters, "HANDS OFF!" 4) The weather news says that it is going to be bright after twelve. 5) What do you say to having a meal out tonight?

24. off

1）びんの栓を栓抜きで取った。2）壁のペンキは所々はがれていた。3）赤や黄色の葉が枝から落ちている。4）私の子供たちはもう私の手を離れている。5）出かける前に灯りを全部消した。6）寝室の灯りが消えてそれからまたついた。7）玄関の灯りがついたり消えたりしている。8）新年はわずか 3 時間先です。9）足早に私の方を振り返らずに立ち去った。10）友達が引っ越すのを見送りに駅まで行った。11）会議はもっと遅い時間に延期されます。12）旅行に行くので 1 週間休暇を取ります。13）この豪邸の持ち主はたいへん裕福だ。14）生活がとても苦しいので彼は家と土地を金に換えた。

【練習問題】1) The hand-part is off the cover. 2) All the lights went off together at the thunder. 3) I went to the airfield to see a friend off to her country. 4) Last week I took four days off with a disease. 5) This store does business with well-off persons.

25. out

1）おかあさんは買い物で外出しています。2）彼はすべて外食だ。3）私は彼女と一日出かけられて幸せだった。4）釣り銭を受け取ろうと手を差し出した。5）窓の明かりは消えている。6）ろうそくが風で消えた。7）突然の雨でたき火が消えた。8）そのシミを牛乳をたらして消した。9）塩は十分あるけど砂糖がない。10）年が明ける前にこの本を読み終えるつもりです。11）今年は桜の開花が早そうだ。12）ついに彼女の秘密がばれた。13）君の新著はじきに出ますか。14）いつも写真写りがいいですね。

【練習問題】1) Father is out walking his dog. 2) She put her hand out to take mine. 3) We have enough sugar but *soy* is out. 4) I will get through this work before the week is out. 5) I do not come out well in pictures every time.

26. in

1）その子のポケットはぱんぱんだった。いろんなものが入っていた。2）目に小さい羽虫が入った。3）支配人はいますか。いいえ、食事で外出しています。4）しわが深いので 70 代後半に見える。5）愚かにも彼女に聞こえるところで言ってしまった。6）雑草をむしっているときに脚を何カ所か虫に刺された。7）部屋には黒衣の女性とその傍らに赤い服の少女がいた。8）受付はめがねをかけた背の高い女性だった。9）郵便局は 10 分後に開きます。10）出かけるしたくを 30 分でしないといけなかった。11）箱は同じ大きさだが色が違う。数は 6 つだ。12）あの人は中国古代史の大家だ。13）そのお寺には大きな仏様の木像がある。14）先生は赤ペンで正解に丸をつけた。

【練習問題】1) He seems to be in his early sixties. 2) He gave me a blow in the face. 3) A girl in red shoes came up to me. 4) The play will be started in 15 minutes. 5) There is a great form in stone of Shibusawa in front of the building.

27. able

1）彼は有能な作家だ。著書でたいへんな金持ちになった。2）今までに出会った最も有能な先生の一人だ。3）たしかに有能な先生だがおかあさんはもっと有能だった。4）私よりも赤ん坊の扱いがうまい。5）悲しい事件についてじょうずに感動的に話してくれた。6）『絵で見る英語』は I.A. リチャーズが作ったたいへんすぐれた本です。彼はすぐれた英語の先生でした。7）急な階段を立ち止まらずに上がれなかった。8）加藤さんは 90 歳過ぎだけどまだ自分で食事を作れる。9）その子歩けるの。いいえ、でも 2 ヶ月たつと歩けるようになります。10）点字は目の見えない人たちのためにある。11）ドアが閉まる直前に電車を降りられた。12）明日できるだけ早く来ます。

【練習問題】1) She is abler with old persons than I. 2) *Hojoki* is a very able book produced by Mr. Muro Masaru, who was a very able Basic English teacher. 3) I was able to go running up the sharp slope without stopping. 4) Mr. Saito is ninety years old, but he is still able to go anywhere without a stick. 5) I am able to make pictures with my left hand.

28. responsible

1）私は家族の扶養に責任がある。2）子供たちはペットの世話を受け持っている。3）子供の教育には父母は同等の責任がある。4）君には学校でせいいっぱい努力する責任がご両親に対してある。5）赤ん坊はその行動に責任がない。6）たばこはあらゆる病気の原因になる。7）魚がだめなら暑さのせいだ。8）青物が高いのは雨続きのせいだ。9）電車が遅れたのは暴風が原因だ。10）この仕事は信頼できる人の手にゆだねないといけない。11）彼女は職場で責任の重い地位についている。

【練習問題】1) I am responsible for the care of our houseplants. 2) Who is responsible for keeping the books in order? 3) If the food is bad, the wet air is responsible. 4) The very dry weather is responsible for your rough skin. 5) He was put in a very responsible position in his office.

29. possible

1）あの人が 100 歳でまだ生きているということはありうる。2）君はまだ若い。今から 60 年後にまだ生きていることはありうる。3）埼玉で 5 月に雪が降ることはありえない。4）東アジアで近いうちに戦争はかなり起こりうる。5）一年以内に富士山が噴火することはありうる。6）2 階から飛び降りるのは可能だ。7）2 階からけがをしないで飛び降りるのは不可能だ。8）息を 5 分以上止めていられる人もいる。9）あなたがこの本を一日で読むのは無理です。10）あらゆる騒音から逃れるのは不可能だ。11）助けを求めてせいいっぱい叫んだ。12）他の人からできるだけ離れて座った。

【練習問題】1) I will be sixty before long. It is not possible that I will still be living fifty years from now. 2) It is quite possible that he will give up smoking and drinking. 3) It is not possible to be balancing on one leg for an hour. 4) It is not possible for me to go through this paper in two or three days. 5) It is not possible to be free from care and trouble.

30. good / bad

1）海辺の砂の上で遊んで楽しかった。2）きのうはつらかった。ひどい風邪で一日寝ていた。3）犬をいじめて悪い子だね。4）浴室のどこかから悪い匂いがしていた。5）長年ご親切にしていただきました。6）こんなに暑いと牛乳が明日には悪くなるね。7）きょうは洗濯、乾燥日よりだ。8）切符はもう 3 日有効です。9）この水は飲用に適さない。10）息子は料理が得意です。特に中華が。11）スポーツは苦手です。動作が鈍いですから。12）食事の前に石けんで手をよく洗いなさい。13）5 時間休みなく働いたあと十分休んだ。14）町はここからたっぷり 5 キロはある。

【練習問題】1) A good smell was coming from somewhere in the garden. 2) It is a good day for airing the bedding. 3) I am good at getting a bit of writing by heart. 4) Give your teeth a good brush before going to bed. 5) She kept crying for a good five minutes.

31. bright / dark

1）夏は午後 6 時にまだ明るい。2）こどものころ星は夜、今よりずっと明るかった。3）晴れた日には家のそばを流れる川沿いに歩くのが楽しい。4）北向きの部屋はずっと暗くて寒い。5）家々の窓が暗いとおりに面してとても明るかった。6）今度のコートは黒っぽい青でえりはグレーです。7）春は木々の葉はあざやかな緑です。8）彼女は色黒で黒髪だ。9）いつも黒っぽい服を着ている。10）あの人の息子は利口な子で将来も明るい。11）散歩していたらいい考えが次々わいてきた。12）私を見たら彼の顔が曇った。13）動物の中には暗闇でも目が見えるのもある。14）母は私に何かだいじなことをかくしている。

【練習問題】1) Streets were much darker at night when I was very young. 2) The south-facing rooms are brighter and warmer. 3) My new coat is dark green with a dark brown collar. 4) His daughter is a bright girl with a bright future before her. 5) Bright ideas came to me one after another while I was having a bath.

32. true / false

1）あなたがまた結婚したってほんとうですか。2）ほとんどの人がイスラムを誤解している。3）自分をよく見せようと私たちに作り話をした。4）あの人約束を時々破る。5）大切なのは自分を裏切らないことです。6）ほんとうの友達を持つのはだれにでもほぼ不可能です。7）彼の秘密が信頼していた不誠実な友人にもらされた。8）恋人がずっと私を裏切っていないという確信はない。9）その子はほかの男とつきあってボーイフレンドを裏切っている。10）あの人かつらをつけています。11）食事なので入れ歯をはめた。12）にせのお金を作るのは重大な犯罪です。13）ルノワールの本物の所有者です。14）彼女は何年も偽名で生活している。15）若い頃の夢は何一つ実現していない。

【練習問題】1) Is it true that she is no longer married? 2) He is true to his word at all times. 3) Your friends may be false to you at any time. 4) I took out my false teeth and gave them a good wash. 5) Most of the hopes he had in his younger days have come true.

33. tight / loose

1）ボタンが一つ長年使われてゆるんでいる。2）結び目がきつくてほどけなかった。3）あの人80歳過ぎだけど歯はまだしっかりしている。4）彼女の首回りの皮膚は年のせいでゆるんでいた。5）夕べの風でボートが一隻流された。6）これは私のシャツから外れたボタンです。7）このズボンは膝のところがだぶだぶだ。8）歩き続けたら靴がだんだんきつくなる感じがした。9）ゆったりした服が快適です。10）今週は金が厳しい。11）小銭は財布ではなくポケットにばらで持っています。12）このジャガイモばらで買った。13）酒のせいで舌にしまりがなくなった。14）彼は散漫な話をして我々をあきさせた。

【練習問題】1) A screw has come loose through much use. 2) I have a loose tooth in the front. 3) These shoes are a little tight at the toes. 4) Time is tight today. 5) I got these pencils loose, not by the dozen.

34. wide / narrow

1）街道はたいへん広くて中央に高い並木がある。2）森を抜ける道は狭くて車は通れない。3）部屋に風を通すために窓を全部開けた。4）胸の幅が狭くて強そうに見えない。5）劇場の座席が狭くて不快だった。6）列車から広々と海が見えた。7）あの人は博識で何事にも視野が広い。8）視野の狭い人はこの地位に向かない。9）母は多趣味で交際範囲が広かった。10）父は無趣味な人で自分の仕事以外に関心はなかった。11）矢は的から1メートル以上もはずれた。12）私たちは山火事からかろうじて脱出できた。

【練習問題】1) The bridge across / over the river is very narrow and is not for carts. 2) I got all the drawers wide open for airing my clothing. 3) The narrow bed in the hotel made me very unhappy. 4) My mother was a narrow woman and had no interest outside her housework. 5) All my sticks went more than thirty centimeters wide of the mark.

35. private / public

1）ここは個人の庭園ですが10時から4時まで一般に公開されています。2）母は病院の個室に入院している。3）このホテルの客室にはすべて専用の浴室がついている。4）昔はどこの大きな町にも銭湯がそこかしこにあった。5）公立図書館の本は公共の財産です。6）彼は子供向けの書道塾を開いている。7）この町は公共交通機関がはりめぐらされている。8）その件で内密に話をさせてください。9）もうちょっと人目のないところに行きましょう。10）これは私的な意見ではなく法律です。11）息子はもう人前で酒、たばこをやれる年齢です。12）ヘンリーの作品は死後までどれも公開されなかった。13）佐藤さんとは長年職場がいっしょだったが私的な関係はなかった。

【練習問題】1) Father is in an old persons' house in a private room. 2) At one time there were public telephones here and there in every town. 3) My mother keeps a private art school for men and women. 4) I do not have a smoke in public. 5) She seems to have a drink and smoke in private.

36. about

1）刑務所のまわりは高いレンガの塀になっている。2）家のまわりに高い木があって屋内が暗くなっている。3）こどもたちが空き地のあちこちを走り回っている。4）一日中買い物しながら町を歩き回った。5）こんなに遅い時間には通りのどこにも人がいない。6）部屋のあちこちにテーブルといすがあった。7）誰かに会うと私たちは天気の話をする。8）これは漱石についての本で漱石の本ではありません。9）怒っているようだね。何を怒ってるの。10）目のまわりの深いしわから見て彼女は 60 歳くらいだ。11）その木は 5 階建ての建物と同じくらい高い。

【練習問題】1) There are low earth walls about the house. 2) I got about the town half a day taking some pictures. 3) There were some loose papers about over the floor. 4) You seem very happy. What are you happy about? 5) From the marks on his skin he is about seventy years old.

37. across

1）野原を横切り森を抜けて長いこと歩いた。2）線路をこえて交差する道を造っている。3）脚を組んで窓辺に座っていた。4）A 線と B 線はこの点で交わる。5）私の家はお宅から通りの向こう側です。6）私はテーブルをはさんで彼女の反対側に座った。7）飛行機は 2 時間で海を渡ります。8）この丸テーブルはさしわたし 2 メートル以上ある。9）島の長さは 10 キロだが幅は 2 キロしかない。10）電車内で昔交際していた女性と出くわした。11）引き出しの中で母宛の古いラブレターを見つけた。

【練習問題】1) They are making a road under and across the river. 2) The man was seated at the table with his arms across. 3) She took her seat across the room from the door. 4) The street is less than five meters across. 5) In the street I came across a man I had been going out with.

38. after

1）通りで旧友にひさしぶりに出会った。2）もどるのはあさってです。3）日が暮れてからビアガーデンで一杯やった。4）あなたが去った 1 分後に彼女が来た。5）アルファベットで K のうしろに来るのは何。6）小さな女の子たちが一列に歩いていた。7）長いこと炎天下を歩いて疲れ果てた。8）猫がネズミを追いかけている。9）あれが彼の追い回している女の子です。10）警察は女性を殺害した容疑で彼を追っている。11）私のお金が目当てで結婚しようとしているんだろう。12）いろいろ努力したのに試験に合格できなかった。13）あんなことを言われたからにはもうあいつは無視する。

【練習問題】1) I had a drink after work under the railroad bridge. 2) What comes after T in ABCs? 3) I saw some ants going in a line one after another. 4) The police are after him for tricking someone out of his money. 5) After what she did to me, I will have my mouth shut to her.

39. against

1）猛烈な風に逆らって歩くのはたいへんだった。2）この川で 1 年のこの時期に釣りをするのは違法です。3）女の子はいやなのに寝かしつけられた。4）あの人私を嫌いみたいだ。5）私の意見に反対ですか。6）老人は木の幹にもたれて休んでいた。7）彼女は私の胸に顔を押し当てて腕を首に回した。8）ドアに耳を押し当てたが中から何の物音もしなかった。9）赤や黄色の葉が青空に映えてとてもきれいだった。10）日焼けした肌に白いシャツが素敵だった。11）車がどれも降雪に備えてチェーンをつけていた。12）鉢植えを暴風に備えて屋内に入れた。13）老後に備えるお金が足りません。

【練習問題】

1) The ship is going against the sea current. 2) She seems to have a strong feeling against Mr. Suzuki. 3) I put the steps against the wall to get over it by. 4) The snow-covered mountains were very beautiful against the blue sky. 5) I took a raincoat with me against rough weather.

40. among

1）私の家は他の家に囲まれた小さな土地にある。2）故郷は低い山に囲まれた盆地にある。3）あの子はいつも友達に囲まれている。4）引き出しをかたづけていたら他の書類にまじった一万円札を見つけた。5）君たちの間で最年長は誰ですか。6）その作家の作品は若い人たちの間で高く評価されている。7）盗賊たちは奪った金を彼らの間で分けた。8）たっぷり飲むには合わせても金が足りなかった。9）穂高岳は日本で一番高い山の一つです。10）あの子は学校でかけっこがいちばん速い子の一人です。11）両親はすでに亡くなっている。12）お酒は飲みますか。はい、特にビールが好きです。13）甘いものは好きですか。はい、特にチョコレートが。

【練習問題】1) My house is in a sloping land among trees. 2) The music writer's works are highly valued among the old. 3) Chichibu is among the safest towns in Kanto. 4) Some of my group at school are now among the dead. 5) Are you a book lover? Yes. Crime stories among others.

41. at

1）机に向かって書き物をしていた。2）友達を見送りに駅にいた。3）家賃を毎月、月末に払います。4）列車は今時速 250 キロで走っている。5）エレベーターは 6 階で止まった。6）初めて 60 歳で結婚した。7）私は本町 2-5-11 に住んでいます。8）このカメラすごく安値で買った。9）殺したのは彼女に頼まれたからだ。10）女の子は蛇を見て鋭く叫んだ。11）あなたが触るとこの機械は動きます。12）時計をこっそり見た。13）吠える犬めがけて石を投げつけた。14）彼は銃を我々に向けていた。

【練習問題】1) I was at the bus stop for meeting my daughter. 2) I am living at 3-5-12, Motomachi. 3) I got this book of pictures at a very high price. 4) They gave a cry of pleasure at the news. 5) The teacher sent a bit of chalk at the boy.

42. before

1）明るくなる前、午前 4 時に起きた。2）あなたはおととい何をしてたの。3）朝食の前、ミルクティーを 2 杯飲みます。4）雨が降る前にもどりましょう。5）道を渡る前に左右を見なさい。6）当然お金がいちばん大事。7）あきが美人コンテストで一位になった。8）宇宙科学では日本は他の国より進んでいる。9）裁判官の前に出たことは何であれ一度もない。10）その仕事を済ますのにあと 3 日しかない。11）私の前途は暗い。12）70 歳を過ぎたので余命いくばくもない。13）きっとまもなく葬られてしまいます。

【練習問題】1) I had a drink before dark. 2) What were you doing the night before last? 3) My sweetheart comes before everything naturally. 4) I have only two weeks before me to get through the paper. 5) I have no happy future before me.

43. by

1）窓のそばの日の当たる場所に植木鉢が並んでいる。2）学校の行き帰りに彼女の家のそばをどきどきしながら通ります。3）電車がそばを通り過ぎるのを見るのが楽しい。4）この町に来てから 20 年が過ぎ去った。5）その本を郵送してもらった。6）おじは 50 年前に船でアメリカに行き昨年飛行機で帰ってきた。7）猫は車にひかれた。8）食事中ハエに悩まされた。9）あしたのこの時間までに仕事を済ませます。10）駅に着いた時までに列車は出てしまっていた。11）電車に 5 分差で遅れた。12）彼女は私より頭一つ背が高い。13）日が少しずつのびている。

【練習問題】1) There are some cushioned seats by the wall. 2) Time goes by very quickly. 3) I was troubled by some *mosquitoes* all night long. 4) He had gone by the time I got to his house. 5) The horse got the first place by a neck.

44. over

1）テーブルの真上に日よけがあった。2）魚を火の上で焼いた。3）頭の上の灯りがついたり消えたりしていた。4）ハエがたからないようにお肉におおいをしなさい。5）轟音に備えて手で耳をおおった。6）ボールが壁を越えて投げられた。7）犬は水を飛び越えた。8）私たちは電話で 2 時間以上話した。9）お菓子はみんなに行き渡って 2 つ余っている。10）会議は日が暮れる前に終わるでしょう。11）バケツをけたおした。12）風で本のページがめくられている。13）その文章を何度もくり返して読んで暗記した。

【練習問題】1) There was a crack in the inside roof over our heads. 2) She put her hand over her mouth to keep from laughing. 3) He makes over ten million yen in a year. 4) Drinks will not be over before the middle of the night. 5) She gave a kick and sent the seat over.

45. through

1）森を抜ける細い曲がりくねった道がある。2）屋根の穴から雨もりしている。3）私はテストの勉強で夜通し起きていた。4）駅の喧噪を通して彼女の声がはっきりと耳に届いた。5）食事はお済みですか。6）まだ高校在学中だ。7）その本を半分読んだところで休憩した。8）賭けトランプでお金を一日で使い果たした。9）その未婚の母親は子供たちをかかえてあらゆる苦労を体験した。10）その人と通訳を通して話をした。11）その作家が死んだことを通りがかりの人に聞いた。12）その星は望遠鏡でないと見えない。

【練習問題】1) I gave a look in through a hole in the wall. 2) She was away from her house all through the week. 3) I took a rest when I was halfway through his long letter. 4) I got through all my money in half a day on the horses. 5) I got the news of the painter's death through a learner under him.

46. under

1）日差しを避けようと木の下に入った。2）重要なことばに赤の波線を引いた。3）コートの下に厚い毛織りの服を着ていた。4）猫はふとんの下に入ってきた。5）雨のあと町は数日水浸しだった。6）待合室には10人もいなかった。7）この遊戯室は6歳未満の子供用です。8）見かけはずっと老けているけど彼はまだ70歳になっていない。9）この前の歴史のテストで彼女に負けた。10）天候を制御するのはわれわれにはまだ不可能です。11）一流の先生のもとで水彩画を習っています。12）酒の影響で彼は非常識にふるまっていた。13）軍隊は大砲の砲撃を受けていた。14）その作家はペンネームを2つ使って書いている。

【練習問題】1) A cat came out from under the bed. 2) The town is now deep under snow. 3) Another train will come in under five minutes. 4) The question is still under discussion. 5) The man is in flight under false names.

47. with

1）食事をともにする人がいなかった。2）コーヒーといっしょにケーキを食べていた。3）ホテルで眺めのいい部屋に泊まった。4）かざりのポケットのついたコートを着ていた。5）あの人にはユーモアのセンスがない。6）靴下をはいたまま寝た。7）頭をたれて歩いていた。8）やかんを火にかけたまま台所を離れた。9）そいつの頭を棒で殴った。10）庭は落ち葉に厚くおおわれていた。11）高いところがこわくて震えていた。12）ささいなことで彼女と言い争いになった。13）警察と何かもめたことがありますか。

【練習問題】1) I had no one to have a talk with. 2) I had a room with a stage at the hotel. 3) He was walking with his chest out. 4) She was against the wall with her arms across. 5) The water was covered with thin ice.

48. for

1）みんなすごくお金がほしい。2）お金のためだけに働くのではありません。3）きれいな空気を入れようと窓を開けた。4）いすを授業ができるように並べてください。5）この部屋は自習室です。6）このナイフは何に使うの。パン切り用です。7）その朝寝坊して食事する時間がなかった。8）お店で明日用の食べ物と飲み物を買った。9）大阪行きの列車に着替えで一杯のバッグを持って乗り込んだ。10）テレビを中古店で一万円で買った。11）木箱をいすのかわりにしていた。12）その子は病気の母のかわりに料理をした。13）その高原の町は美しい景色で知られている。14）先生は私が遅刻したので怒った。

【練習問題】1) I got out of the room for daylight. 2) This is a room for woodwork. 3) Let me have some time for thought. 4) I got this dress for ¥5,000 at a secondhand store. 5) The town by the river is noted for its good fishing places.

49. *of*

1）家は駅の南約1キロです。2）あの人は私の家から歩いて5分以内のところに住んでいる。3）いすの腕がゆるんでいる。4）その本の真ん中辺を今読んでいます。5）ガラスの破片が床一面に散っていた。6）汚れた靴下のにおいはよくない。7）ボールは卵の半分の大きさだった。8）彼の新著の題名はたいへん風変わりだ。9）肉の重さを量った。10）6部屋の家を持っています。11）あの木造の家の屋根は木の幹の厚い樹皮でふいてある。12）小さな泡が水面をおおっていた。13）お茶にウイスキーを一滴入れた。14）刻んで揚げたポテトを肴に一杯のビールを飲んだ。

【練習問題】1) My house is about 200 meters west of the school. 2) I am still reading the first pages of the book. 3) The smell of new milk is sweet. 4) The girl was blowing balls of air through a glass pipe. 5) I had two glasses of whisky with cheese at the bar.

50. *back*

1）年を取るにつれて背中が曲がってきた。2）昆虫は脚が6本で背骨がない。3）お店の裏に駐車場がある。4）箱は棚の奥の方にある。5）この荷物は裏口に運んでください。6）劇場で他の人から離れて後ろの席に座った。7）暗くなってからその裏通りにいると危ない。8）このお金は10日以内に返します。9）本を元あったところにもどしてください。10）彼はまたタバコを吸うようになった。11）私は数日前、高校の同級生に会った。12）その古い地図をじょうぶな紙で裏打ちした。13）運転手は車をバックさせて車庫に入れている。

【練習問題】1) There is a small garden at the back of the bank. 2) All the back seats had been taken. 3) It is not safe to be in the back street even before dark. 4) I will give the book back to you within a month. 5) The driver is backing his automobile out of its place.

51. *head*

1）窓から頭を出してはいけない。2）クッションを枕に仰向けになっていた。3）杖の頭の部分は小さなボールのように丸くなっている。4）ベッドの頭に枕を置いた。5）その子は階段のいちばん上から転落した。6）旗を持った男が行列の先頭にいた。7）はじめはボートでそれから徒歩で川の水源までさかのぼった。8）彼はビールのグラスに美しい泡を立てた。9）会社の業務は社長に管理されている。10）わが社の本社は大阪にあります。11）便せんのいちばん上に日付を入れた。12）新聞の見出しだけ読んでいた。13）そんなことをあなたに言うなんて彼は気が違っているんじゃない。

【練習問題】1) Don't put your head into the bag. 2) He was on his stomach with his head resting on his arms. 3) The automobile had a fall from the head of the sharp slope. 4) Where do you have the head office of your company? 5) Isn't she off her head to get married to such a man?

52. face

1）顔は長くて細くしわが深い。2）彼女は明るく微笑んで私に「こんにちは」と言った。3）不幸な知らせを聞いて悲しそうな顔をした。4）月の表面にウサギの形が見えます。5）黒板の表面にチョークの粉がすごくついている。6）石は丸くてざらざらしている。7）川の土手は石張りになっている。8）ステージに上がってたいへん大勢の人と向き合った。9）ホテルでは海に面している部屋に泊まった。10）私の会社は広場を隔てて駅に面したビルの中だ。11）これまでで最大の困難にいま直面している。12）こどもたちは先生に向かっていっせいに顔をしかめた。13）答案を伏せて先生の机に置いた。

【練習問題】1) She has a round face with no lines. 2) I saw a fly on the face of the clock. 3) The stone is flat with a smooth face. 4) My office is in the building facing the fire station across the street. 5) The monkey made a face at us with its teeth out.

53. hand

1）先生の質問に手を上げた。2）乞食は小銭を求めて私に手を差し出した。3）はかりの針は 20 キロを指している。4）先生が生徒たちにテスト用紙を渡している。5）メモがテーブルの下でこっそり彼に渡された。6）皿を洗うの手伝ってくれる。7）テーブルの片付けを手伝った。8）あの先生は子供たちの扱いがたいへんうまい。9）父は庭いじりのベテランだ。10）一葉の毛筆の字は美しい筆跡だ。11）黒板にへたな字で何か書いてあった。12）浦島太郎の話は大昔から私たちに伝えられている。

【練習問題】1) I put my hand out for my change. 2) This ad paper was handed to me in front of the station. 3) Mother gave me a hand with the work for the summer. 4) I gave them a hand in clearing snow off the roof. 5) The card was in pencil in a bad hand.

54. foot

1）小さな虫を踏みつけた。2）足の甲を虫にかまれた。3）車内でバッグを足下に置いた。4）雪に新しい足跡がいくつかついている。5）木の根元に小さな黄色い花が一群れ咲いていた。6）山の麓に無住のお寺がある。7）ボールが階段のいちばん下まで転がり落ちてきた。8）ページのいちばん下にいくつか脚注がある。9）うちの子、学校でクラスの最下位なんです。10）人目を引かないようにテーブルの末席に座った。11）どこへでも歩いて行けば健康でいられる。12）きょうは立ち通しです。

【練習問題】1) I got a cut in the underside of my foot. 2) There were some dirty footprints on the floor. 3) The cat was arching its back at the foot of the bed. 4) At the foot of the slope is a small house of wood. 5) I keep on my feet all through my teaching.

55. arm

1）地図を小脇に上野を歩き回った。2）二の腕に入れ墨をしていた。3）見知らぬ男の腕につかまって歩いているのを見た。4）立ち去ろうとしたら私の腕をつかんだ。5）いすの腕をつかんで持ち上げた。6）シャツの袖をまくり上げて皿を洗っていた。7）警官に取り囲まれてその男は武器を捨てた。8）戦争に使う武器の増産を続けている国もある。9）通りに刀や棍棒で武装した男たちがいた。10）厚い上着とズボンで寒さに備えていた。11）彼と腕を組んで歩いて幸せだった。

【練習問題】1) I put my arms round the cow's neck. 2) I took up the glasses by the arms. 3) He was having beer with his shirt-arms rolled up. 4) We gave up our arms to the other side. 5) A policeman is armed with a stick and a handgun.

56. *eye*

1）目にほこりが入った。2）その本を目に涙しながら読んでいた。3）片眼が見えない。4）めがねを新調する前に視力検査を受けた。5）年齢の割に眼がいい。6）その人が美しくて視線をそらすことができなかった。7）門番は私を全身じろじろ見ていた。8）トイレに行ってる間、私の持ち物見ててくれる。9）古美術を見る目がある。10）兄はどんな芸術も見る目がない。11）芽　12）節穴　13）穴　14）彼がウエイターに色目を使うのを見た。

【練習問題】1) I got a small fly in my eye. 2) He is unable to see in the right eye. 3) Will you keep an eye on my bag for a minute? 4) He has a good eye for potter's work. 5) Will you put the thread through the eye of the needle?

57. *amount*

1）あの人は大金持ちだ。額は 3 億円くらい。2）手元に少額のお金しかない。3）子供の教育には非常に多額のお金が必要だ。4）飲食の請求書の合計額は 3 万 5 千円だった。5）雪の一片は非常に少量の水だ。6）計量スプーンで必要量の塩をすくった。7）このビンの油の量はどのくらいですか。8）このビンに水はどのくらい入りますか。9）このタンスはたいへん場所ふさぎだ。10）道路のマンホールから非常に大量に水が噴き出している。11）軍事作戦に必要な食料と飲料が非常に大量に貯蔵されている。

【練習問題】1) She has a great amount of money on hand. The amount is about ten million yen. 2) The amount of the account for the medical care was ¥120,000. 3) I have only a very small amount of water in my water-bottle. 4) What amount of water does this cup take? 5) Gas was coming out in great amounts through a crack in the pipe.

58. *number*

1）郵便受けの番号は 120 です。2）あなたの電話番号を教えてください。3）手紙のページには番号がふってない。4）図書館の本には文字と番号がつけられている。5）カードに 1 から 50 まで番号をつけている。6）一月の日数は 30 か 31 です。7）出席した人の数はどれくらいでしたか。8）部屋にいる人の数を指折り数えた。9）サイエンスの 6 月号に寄稿した。10）本棚にまだライフのバックナンバーが何冊かある。11）プログラムの最初の演目は何ですか。12）彼がみんなに憎まれているには多くの理由がある。13）冬空には無数の星が見られます。

【練習問題】1) All the players are numbered from 1 to 20. 2) The number of births in Japan has been coming down. 3) I did some writing for the March number of *The Rekishi*. 4) I got some back numbers of *National Geographic* at a secondhand bookstore. 5) We see different sorts of insects without number in this wood.

59. amusement

1）天気がいいときの気晴らしはなんと言っても遠くまで歩くことです。2）歩くのはだれにでも安上がりで健康的な気晴らしです。3）スノーボードは冬の楽しみの一つです。4）仕事の後気晴らしを求めて町を歩き回った。5）浅草は娯楽施設で知られている。6）ここは男性用の遊び場です。7）盆踊りは夏、日本各地で催される集団娯楽です。8）ディズニーランドにはとてもたくさんの娯楽設備がある。9）雲の動きを見ているのがたいへん楽しい。10）手と頭で変な動きをして赤ん坊をあやそうとしたがうまくいかなかった。11）その子をいじめて面白がっていた。

【練習問題】1) My chief amusement in wet weather is reading. 2) Swimming and sailing are summer amusements. 3) This is a place of amusement for the young. 4) There are a great number of amusements in this part of the town. 5) I gave some strange looks for the amusement of the baby, and it went very well.

60. danger

1）赤い灯火はふつう危険のしるしだ。2）看板に「危険、工事中」と書いてあった。3）日常生活は危険に満ちている。4）冬には火災の危険性が高い。5）戦争が起きて多くの人が死ぬおそれはいつでもある。6）天気予報だと山では雪崩のおそれがあるそうだ。7）薄い氷の上を歩いて危険だった。8）この古い橋はいつでも崩落するおそれがある。9）母はまだ入院しているが危機は脱している。10）濃霧は登山者にとって危険なものです。11）喫煙者はまわりの全員に危険な存在です。12）その国は周囲の国々にとってたいへんな危険だ。

【練習問題】1) There was a sign which said, “Danger! Falling Stones.” 2) There is a great danger of heat trouble in summer. 3) Weather news says there is a danger of landslips in the mountains. 4) This old building is in danger of falling down at a violent wind. 5) Snowslips are a great danger to those on the mountains.

61. business

1）人の困りごとが自分の仕事です。2）肌の色から見て彼の職業はきっと農業だ。3）あのお店は繁盛している。4）その料亭は 200 年前に創業した場所で営業している。5）個人の方とは取引いたしません。6）埼玉に営業所が 3 つあります。7）その町の食品企業の所有者です。8）いつか手作りケーキ屋を開きたいと思っています。9）仕事で長野に行きました。何の用事で行ったんですか。10）こんなに遅くどこへ行くの。君には関係ない。11）あのホテルは 70 年目に廃業した。

【練習問題】1) My mother’s business is trading in old clothing. 2) That restaurant is doing poor business. 3) We do not do business with companies in other countries. 4) I am going to Shizuoka on business. What is your business there? 5) The gardener went out of business in its eightieth year.

62. *company*

1）彼といっしょだと楽しい。2）彼女といっしょにいると楽しい。3）酒場に仲間を求めて行く。4）その子は人前ではおとなしくしている。5）彼といっしょにいると楽しい。だって聞き上手だから。6）人はその仲間がどうかで判断される。7）このごろ息子は悪い仲間とつきあっている。8）犬を連れて散歩した。9）伊藤はただいま接客中です。10）彼は鉄道会社に勤める機関士です。11）彼女の会社は去年倒産した。12）シェークスピア劇の一座が日本を巡業している。

【練習問題】1) I am happy in your company. 2) His company gives me no pleasure. 3) Her company gives me pain. She keeps saying bad things about others. 4) My daughter seems to have got into bad company. 5) She is a designer working for a clothing company.

63. *interest*

1）スポーツをするのも見るのも興味がない。2）彼は妻の友人たちに何の関心もない。3）この本はちっともおもしろくない。時間の無駄だ。4）私はSF小説を読むのがおもしろい。5）この頃の小説は私にはおもしろくない。6）彼女の趣味は主に絵を描くことと写真をとることだ。7）彼の主な関心事は賭け事だ。8）公務員は社会の利益のために仕事をする。9）「勉強に励むのは自分のためなのよ。」と先生は言った。10）いま銀行の利率はほとんどゼロだ。11）高い利子で借金をしてしまった。12）友達に百万円無利子で借りている。

【練習問題】1) My brother has no interest in any sort of art. 2) She has no interest in the company her man keeps. 3) His talk was not at all interesting. I went to sleep halfway. 4) His chief interests in summer are sailing and fishing. 5) I am in debt to the bank at low interest.

64. *need*

1）庭に水をやる必要がある。2）その犬は洗って毛を刈ってやる必要がある。3）子供たちの教育のためにすごくお金が必要だ。4）この家はペンキを塗りかえる必要がある。5）他の人に助けてもらう必要はありません。すべて自分でやります。6）秘書がたいへん必要だ。私の仕事は一人には多すぎる。7）急いでその仕事をする必要はありません。8）介護施設では介護士がもっと必要です。9）兵士たちは食料がなくなって死んだ。10）このお金はたいへん困っている人たちのために使われます。11）お金が足りなくて日用品が買えない。12）一人で暮らしているので必要なものの数は少ない。13）今一番必要なのはもうちょっと広い家です。

【練習問題】1) This garden is in need of attention. 2) The grass is in need of a cut and a roll. 3) I am overweight. I have great need of physical training. 4) Where do you get your everyday needs? 5) My greatest need is a house with a number of rooms.

65. *necessary*

1）日光はすべての生物に必要だ。2）すべての子供に母親の愛情が必要だ。3）食べ物と衣服と住むところは私たちすべてに必要だ。4）遠足に必要なお金を母がくれた。5）あなたの指図はまったく必要ない。すべて自分でやります。6）必要以上にここにとどまりません。7）会社員は名刺を身につけている必要がある。8）あなたは食事の後よく歯をみがく必要がある。9）目の治療を受ける必要がありますね。10）君の自転車、油をさす必要がある。11）買い物に行く前に旅行に必要なもののリストを作った。12）もし必要ならいっしょに行きましょう。

【練習問題】1) Sunlight and water are necessary to all plants. 2) Love and kind care are necessary to all little ones. 3) I have not the necessary money for the drinks. 4) It is necessary for the horses to be watered. 5) I will go in your place, if necessary.

66. natural

1）私の別荘は美しい自然に囲まれている。2）90歳なのに全部自分の歯だ。3）彼女は私の実の母ではありません。4）彼女は自然食品を商っています。5）どういうわけか生まれつき虫が好きです。6）あの人食べ過ぎている。太っているのは当たり前。7）年寄りが夜中に目がさめるのは自然なことです。8）彼は夜通し起きていた。学校で眠ってしまったのは当たり前だ。9）撮されるときに自然な微笑みを浮かべるのがむずかしいことがある。10）彼はいつでも誰にでも気取らない態度だ。11）体重が80キロ以上あります。当然、速く走ることはできません。

【練習問題】1) I take pleasure in beautiful natural views. 2) He is not my natural father. 3) He takes a little. It is natural for him to be so thin. 4) It is natural for an old man to have a short memory. 5) She put on an unnatural smile on me.

67. probable

1）明日何か買い物しますか。おそらくします。2）今日誰かに会いますか。おそらく会いません。3）あなたも年をとるときっとそんなにやせていないでしょう。4）今から10年後には間違いなくまだ生きています。5）時間にはまず来ないでしょう。6）今日雪が降る可能性はあるがまず降らない。7）関東南部では今夜雨の可能性が高いと新聞に書いてある。8）30年以内に大きな地震が起こりそうです。9）近日中に大地震の可能性はあるがあまりない。10）富士山がまた噴火する可能性は高い。

【練習問題】1) Are you having a meal out today? Probably not. 2) When you are older, you will probably put on weight. 3) Snowslips are probable today in the mountains. 4) Snow is possible but not probable in the north part of Kanto. 5) Is it probable that Mt. Akagi will be burning again?

68. strange

1）ゆうべ変な夢を見た。2）君が持っているその変なものは何。3）彼は変わった模様のTシャツを着ていた。4)みんながあの人は風変わりな人だと言う。5)会合で初めての顔をいくつか見た。6）知らない女性と天気の話をした。7）その文書は知らない言葉で書いてあった。8）電話の声は聞いいたことがなかった。9）ベッドが変わるとよく眠れない。10）年配の女性はコピー機に慣れていなかった。11）彼はこの種の仕事にはまったく不案内です。12）町のこのあたりは初めてです。このあたりには不案内です。13）彼は外国の出身で日本の生活にまだ慣れていません。

【練習問題】1) Do you have strange experiences in your sleep? I do very frequently. 2) I had a strange experience on my journey. 3) Father was talking with a strange person inside the front door. 4) The note was in a strange hand. 5) This street of stores is strange to me.

69. work

1）私は田中さんの部下です。2）画家は新しい作品にとりかかっている。3）その本を一日で読むのは大仕事だった。4）この機械は 5 人分の仕事をする。5）朝の電車は勤め人でいっぱいだ。6）学年末テストに備えて猛勉強している。7）うちの子はあまり勉強しない。何でも悪い点ばかりだ。8）このポンプは電力で動きます。9）胃の調子が悪い。10）こういうコピー機を操作したことがない。11）モーツァルトの全作品を CD で持っている。12）このカーテンは私が作りました。13）その会社が倒産すれば従業員は失業します。

【練習問題】1) We are working under Mr. Kuroda. He is our chief. 2) The writer is at work on a new story. 3) I was not a hard worker at school. I got bad marks in everything. 4) My stomach is working well these days. 5) I have the complete works of Soseki in my reading room.

70. trouble

1）私は今非常に困っていてあなたの助けがたいへん要です。2）電車の切符をなくしてたいへん困った。3）その子は学校で先生たちの厄介者だ。4）むずかしい質問で先生たちを困らせ続ける。5）あの家では始終いざこざがある。6）お金のことで私たちはもめている。7）彼はたいへんな騒音を立てるので近所の人たちともめている。8）庭の手入れにたいへんな手間がかかります。特に夏場は。9）その晩の宿をさがすのにすごく骨折った。10）あの人心臓が悪いから走らないようにしている。11）春になると目がかゆくて困る。12）私はもう体がどこもがたがたです。13）飛行機はエンジンの故障で墜落した。

【練習問題】1) I was very troubled about the loss of my house key. 2) The bad boy is a trouble to those living near. 3) There are troubles all the time in the society. 4) I had no trouble in getting a taxi in the street. 5) I have stomach trouble and nothing makes it better.

71. authority

1）その先生は生徒たちになめられている。2）その父親は子供たちににらみがきく。3）これはたいへん権威のある辞書です。4）この事務所の責任者はだれですか。5）彼女は深海魚の大家です。6）田中氏は中国古代史の権威です。7）彼は高山植物の最高権威の一人です。8）我々はこの建物を捜索する権限を持っている。すぐに通しなさい。9）お寺の境内で営業する許可をもらった。10）どんな看板も許可なくここに立ててはいけない。11）その事件について学校当局はこれまで何も言っていない。

【練習問題】1) The woman teacher has high authority over her boys and girls. 2) He has no authority over his young ones. 3) Mrs. Yoshida is the greatest authority on the history of early Japan. 4) We have the authority for making you prisoner. 5) Don't do any business in this square without authority.

72. power

1）耳が聞こえない人もいる。2）暗闇でも目が見える動物もいる。3）あの人は杖なしで歩く体力がない。4）その女性は未来を見通す力があると自分で言っている。5）あの人小柄だけど精神力はすごい。6）体力には自信がある。7）ヨットは風力で進む。8）人力車は人力で動く。9）水車は流れる水の力で動く。10）王はもはや大衆に権力を持っていない。11）会の中であの人は影響力がある。12）中国はこの 50 年で強大な国になった。13）試験に備えてできることはすべてしたがうまくいかなかった。14）この本を辞書なしで読むなんて私の能力を超えています。

【練習問題】1) I had much more power of seeing when I was young. 2) I have no belief in my muscle-power. 3) A pinwheel goes by wind power. 4) This waterwheel goes by the power of falling water. 5) It is out of my power to get all these examples by heart.

73. mind

1）quick 2）slow 3）open 4）narrow 5）strong 6）simple 7）straight 8）dirty 9）small 10）あの子のことをどうしても忘れられない。11）電車に乗っているときいい考えが時々浮かぶ。12）学校の友達だったけど名前を忘れてしまった。13）人の名前を覚えているのが苦手です。14）彼女に会ったら学校時代のことを思い出した。15）余生を田舎で過ごす決心をした。16）娘はまだ進学する高校について決心していない。

【練習問題】1) He is a strong man with a quick mind. 2) She is a small woman with a strong mind. 3) A good idea sometimes comes into my mind in a walk. 4) He was my equal at the office but his name has gone out of my mind. 5) Her songs put me in mind of my young days.

74. heart

1）心臓は私たちの体の隅々まで血液をポンプのように送っている。2）人の心臓は人の閉じた手の大きさだ。3)父は心臓発作で亡くなりました。4)彼は優しい心の人だ。5)彼女は情のない人だ。6）とうとう彼の愛情をかちえた。7）その女性に失恋した。8）その夜はたいへん疲れていてどんな料理もする気力がなかった。9）お腹があまり減っていなくて食事をする気にならなかった。10）仕事をいっしょうけんめいやりなさい。11）その仕事には打ち込めなかった。12）部長の命令に逆らう勇気のある人はいなかった。13）キャベツの真ん中は黄色い。14）役所の建物が町に中心にある。

【練習問題】1) I was almost dead last year from a heart attack. 2) I had a broken heart in my love for the boy. 3) He was very tired and had no heart to do any reading. 4) I had my heart in the work. / I put my heart into the work. 5) She is living in the heart of Osaka.

75. certain

1）明日太陽が昇るのは確かだ。2）明日太陽が見えるかは確かでない。3）今夜ふとんに入るのは確かだ。4）よく眠れるかは確かではない。5）彼女が私より背が高いのは確かだ。6）体重が私より重いかは確かでない。7）今から 20 年後に自分はまだ生きていると確信している。8）彼は確かにつきあって楽しいけど正直な人かは確かでない。9）試験で全力を尽くしたが合格したかわからない。10）新聞によると彼女はある病気で入院している。11）軍隊はある地点へ前進している。
【練習問題】1) It is certain that he is shorter than I. 2) It is not certain that he has less weight. 3) It is certain that she seems younger than I. 4) It is not certain that she is younger than I. 5) I am not certain that I will still be well and strong twenty years from now.

76. instrument

1）秤は重さを計る器具です。2）これは水温を計る器具です。3）双眼鏡は遠くのものを見る器具です。4）この器具で歩数がわかります。5）ラジオは電波を音波に変える器具です。6）手術にはたくさんの医療器具が使われる。7）琵琶はハープに似た日本の楽器です。8）いくつか違う楽器を演奏できます。9）管楽器は吹奏楽器の別名です。10）絵、地図、模型はすべて教育の道具です。11）教師は学校教育の道具です。12）ベーシック・イングリッシュは明晰な思考の手段です。
【練習問題】1) A bathroom scale is an instrument for measuring your weight. 2) A *barometer* is an instrument for measuring the weight of the air. 3) I am not able to make music on any instrument. 4) The band are playing on their wind instruments. 5) A judge is an instrument of the law.

77. knowledge

1）彼の仕事も住んでいるところも知りません。2）この箱に何がしまってあるか誰も知りません。3）暗闇では触っていろいろわかる。4）たいがいのことは五感を通してわかる。5）その子は母親の承知でアルバイトを始めた。6）その子はその日母親に知らせずに学校をサボった。7）グレイ先生に無断で帰るとすごく怒るよ。8）彼は日曜大工の知識がかなりある。9）潮の満ち引きのことはあまりよくわかりません。10）星の運行のことはどうもわかりません。11）私はアラビア語は皆目わかりません。12）気象学は天候についての知識の集まりだ。13）私の知る限り彼女はどんな集まりにも決して遅れない。
【練習問題】1) I had no knowledge of the way to the station. 2) Our son got married without our knowledge. 3) I have not a good knowledge of the changes of the moon. 4) I have not the least knowledge of Hindi language. 5) To my knowledge, he is more or less late for any meeting.

78. deep

1）川は水際では 1 メートルの深さもない。2）銅の鉱山は地中深く伸びている。3）この本には棚の奥行きが足りない。4）歩幅を広くして奥行きのある階段を上った。5）森の奥へ行くにつれてあたりが暗くなってきた。6）手をポケットに深く突っ込んでいた。7）息を深く吸ってドアをそっとたたいた。8）町は雪に埋もれていた。9）道は落ち葉に埋まっていた。10）方々から借金を重ねている。11）彼女はあの男を深く愛している。12）原始人ついて詳しい。13）彼女の新しい作品にはたいへん感動した。14）彼女の肌はコーヒーのように深い茶色だ。

【練習問題】1) The river is more than two meters deep in the middle. 2) The stage is not deep enough for the play. 3) The edge of the roof was deep under dead leaves. 4) They are deep in love with one another. 5) He has a deep knowledge of very early automobiles.

79. thought

1）その問題をしばらく考えてみた。2）よーく考えて彼女と結婚する決心をした。3）あごをなでながら思案していた。4）紙に思いつきを書き留めた。5）手近に思いつきを書く紙切れを用意している。6）下劣な考えが私の心に浮かんだ。7）電車内で他の人に配慮のない人を見かける。8）あの人思いやりにあふれている。9）あなたは他の人にかまわず行動していませんか。10）勤め人になるつもりはありません。11）明日外出するつもりはありません。12）酒場に入りかけたが思い直してまっすぐ家に帰った。

【練習問題】1) I have not given much thought to the question of money. 2) She was deep in thought going up and down in the room. 3) She put her thoughts into writing. 4) We see in a library those having no thought for others. 5) I took a bottle of whisky from the shelf. On second thoughts, I put it back.

80. idea

1）小包に何が入っているか見当がつかなかった。2）お子さんが今どこで遊んでいるかわかりますか。3）離婚して私がどんなに幸せかあなたにはわからない。4）前の夫がどこに住んで何をしているかまったく見当がつきません。5）あなたの故郷のことをちょっと話してもらえますか。6）以前何かの会でお会いした気がします。7）彼が他の子とつきあっている感じがする。8）彼はアイデアの固まりだ。9）いい考えがお風呂で浮かんだ。10）あなたには教育についてあなたの考えがある。私には私の考え方がある。11）途中一日二日大阪に立ちよる計画です。12）彼はお寺に仏様に願をかける目的で行った。

【練習問題】1) Do you have any idea what is in this safe? 2) Will you give me some idea of your father and mother? 3) I have an idea that I have been here before. 4) She is full of uncommon ideas. 5) Her idea was to make a stop in Rome for a week or two.

81. desire

1）私たちはみなお金がすごくほしい。2）食事の後甘いものがほしくなった。3）お腹の具合が悪くてあまり食べたくなかった。4）以前ほど酒が飲みたくない。5）できるだけ早く彼に会いに行きたい。6）その子は大人になったら俳優になりたいと思っている。7）母親の管理から逃れたいと強く思っている。8）試験でいい点を取りたくてせっせと勉強している。9）彼は昇進したくてけんめいに働いている。10）その子は寝たくないのに寝かされた。11）彼女は意思に反して結婚させられた。

【練習問題】1) Some persons have little desire for money. 2) I have no desire to go and see other countries. 3) I had a desire to be a schoolteacher when I was a little girl. 4) She is working hard from a desire to get into a noted school. 5) I was forced to go into hospital against my desire.

82. feeling

1）優美な秩父の絹織物に触ってみた。2）寒気で指の感覚がなかった。3）お腹のこの辺に激しい痛みを感じます。4）あの人、何か金のことで困っている感じがする。5）あの人、何かうれしいことがあったようだね。6）あなたは私に悪い感情を持っているね。7）担任の先生に私たちはみな好意を持っていた。8）不親切な部長にあなたが反感を持つのは当然です。9）怒りの感情を抑えるのがむずかしいときがある。10）年取って体が弱っている人に対して同情がない。11）ポケットの小銭を探った。12）暗がりで電気の押しボタンを手探りした。

【練習問題】1) I had no feeling in my toes from the cold through my shoes. 2) I have a feeling that he is not getting on well with his family. 3) We all had a strong feeling against our new teacher. 4) The teacher has no feeling for slow learners. 5) I was feeling for the keyhole in the dark.

83. hope

1）明日お日様が出るといいな。2）ほんとうにまたお会いしたいと思います。3）夜よく眠れるのを期待して毎日長い散歩に出かけます。4）彼女の望みは何かしら医療の専門家になることです。5）私も若いときは将来への希望に満ちていた。6）年を取るにつれて望みはほとんど捨てた。7）さいふを取り戻す見込みはない。8）彼女の病気が治る見込みはまずない。9）彼が試合で勝つ可能性はない。10）彼と仲直りできる見込みはない。11）コンサートの席が手に入る可能性はかなりある。12）見込みはないのに髪が増えるのを望んでいる。

【練習問題】1) I am hoping that it will be warmer tomorrow. 2) It is his hope to be a law expert of some sort or other. 3) I have not the least hope for the future. 4) I have no hope of giving the money back to the bank. 5) She has a good hope of getting over the shock.

84. use

1）この部屋は私専用です。2）この車両は女性専用車です。3）世論は戦争で地雷を使うことに反対だ。4）この建物は今使われていない。5）かつては寄宿舎として使われていた。6）たいへん安く中古車を買った。7）あの人はベーシック・イングリッシュが上手だ。8）古新聞は何かを包んだり床をきれいにしたりたき付けに使うなどいろいろ使い道がある。9）どこへでも徒歩か電車で行きます。車に用はありません。10）私の年齢で大金を持っていても使い道がない。11）家の小さなすき間を十分に利用することがだいじです。12）時間を最大限使うようにすればいい結果になりますよ。

【練習問題】1) This room is for my father's use only. 2) This small room is in use as a storeroom. 3) A plastic board has a number of uses: as a ruler, as a knife, as a wind-maker, and so on. 4) I do my work in my house. I have no use for a neck-band. 5) It is important to make good use of this chance.

85. chance

1）電車で私たちが会ったのはただの偶然だった。2）ラスコーの壁画が発見されたのはまったくの偶然だった。3）宝くじで幸運にも 1 万円もらった。4）幸い終電車に間に合った。5）競馬でもうかっった。彼に運が向いていた。6）今日雪の可能性が高い。7）彼に彼女ができる可能性はない。8）今月休暇を取れる見込みはない。9）もう一度やってみる機会を与えてください。10）チャンスがあれば必ず歩きに出かけます。11）結婚の機会はあった。彼女はそれを逃した。

【練習問題】1) I was late for the last train by an unhappy chance. 2) I went through all my money on the horses. I had chance against me. 3) There is little chance of rain tomorrow. 4) I go for a run whenever I have the chance. 5) You have a chance of getting married. Don't let it go by.

86. question

1）先生はよい質問に喜んだ。2）先生の質問にすべて答えられた。3）警官にそこで何をしているのかと聞かれた。4）テストですべての問題を終える時間がなかった。5）あなたの言葉を疑っているのではありません。6）私を疑いの目で見ていた。7）犯罪発生時に彼が別の場所にいたことは疑いない。8）それは単に時間の問題です。9）海洋汚染の問題について講演をした。10）1968 年に府中で 3 億円を強奪したのは誰か。それはいまだに未解決の問題だ。11）外は身を切るように寒い。散歩など論外です。

【練習問題】1) He put hard questions to me one after another. 2) I was questioned by the door-keeper about my business there. 3) Are you questioning my word? 4) He gave a talk on the question of the poisoned air. 5) It is burning warm outside. Gardening is out of the question.

87. doubt

1）この新しい空気清浄機の広告は信用しない。2）テレビで午後は雨だって言ってる。それ疑わしいよ。だって空に雲一つないよ。3）彼の言ったことは信用できないな。そうなの。私は全然疑ってないよ。4）私の言ったことは他の人全員に疑われた。5）今日雪が降ることは疑いない。6）彼が最後まで私たちの味方でいるかちょっと疑わしい。7）あの人が二, 三人の子持ちなのは疑いない。8）道は 3 つに分かれていた。私はどの道を行くか迷った。9）行事に何を着ていくかまだ迷っています。10）これは疑いなく彼の最高傑作だ。11）その犯罪に彼女が関わったのは疑いない。

【練習問題】1) I have doubts about this advertisement for quick English learning. 2) I have some doubt if he will get out of debt. 3) I have no doubt that she is in teaching business. 4) I was in doubt which train to take at the station. 5) He took an important part in the crime without doubt.

88. purpose

1）スペイン語を仕事に使う目的で習っています。2）大学に行く目的は何ですか。特に目的はありません。3）老人と結婚したのは死後に遺産を手に入れる目的だった。4）野口は意志の強い人間の見本だ。5）どうしてもタバコがやめられません。私は意志が強くありません。6）家族を永久に捨てようと決意している。7）努力しても成果がほとんど得られないことがあります。8）警察はその犯人を 1 年以上追っているが手がかりはない。9）3 年前に退職してからあてもなく暮らしています。10）町をあてもなく歩き回るのが楽しい。

【練習問題】1) They are training the dogs for military purposes. 2) The man came against me on purpose for my money bag. 3) Ino Tadataka is an example of a man of strong purpose. 4) The police have been after the girl over a week to little purpose. 5) Getting about floors under street level gives me some pleasure.

89. book

1）for, of, by, in, with, of, about/on, out　2）藤井氏の月についての科学書を 2 冊買った。3）彼女の本はまだ出版されている。4）電話帳に名前を載せていない。5）私はいつも手帳を身につけている。6）業務用に小切手帳を持ち歩いている。7）この頃紙マッチを見かけないね。8）彼は職場で帳簿をつけている。彼は帳簿係だ。9）協会は彼を除名した。10）その芝居の席を今週予約できる見込みはありません。11）今夜、部屋はありますか。えーと全室予約が入っています。

【練習問題】1) I got a thick book of over 500 pages. 2) I got two copies of a book by Mr. Uchida about Soseki. 3) Are you in the telephone book? 4) Will you keep books for our society? 5) You have no chance of booking a bed in the night train.

90. way

1）駅へ行く道はいくつかあります。2）これが駅へ一番近道です。3）森を抜ける細い曲がりくねった道がある。4）私の手紙がまもなくそちらに着きます。5）魚の調理方法はたくさんあります。6）ベーシックは英語を学ぶ最良の方法です。7）アメリカ人の習慣は我々のとは違います。8）飲むとほらを吹く悪いくせがある。9）私の家はずっと遠くです。1 時間くらいかかります。10）蒸気機関車がはるか遠くからやってくるのが見えた。11）暗くなってきたがまだ先は長かった。12）誕生日はあまり先ではない。13）あなたの車は歩行者の邪魔になっている。14）水面の氷が彼の足下で崩れた。

【練習問題】1) This is a shorter way to the station. 2) There are a great number of different ways of making alcohol drinks. 3) She has a bad way of cutting into others' talk. 4) Spring is a long way off. 5) Part of the floor gave way under my weight.

91. right

1）左手よりも右手で多くのことをします。私は右利きです。2）車は交差点で右折した。3）通りの右側に 2 階建ての集会所があった。4）これだけが質問の正しい答えではありません。5）私の記憶が正しければ彼女は 50 歳をかなり超えている。6）子供が夜ふかしするのはよくない。7）今日は洗濯日和だ。8）この靴あなたにぴったりよ。9）彼女がその地位にふさわしいのは疑いない。10）だれでも教育を受ける権利がある。11）その国で営業する権利を得た。12）先生は赤ペンで私の答えを直した。

【練習問題】1) There was a small open space on the right side of the street. 2) He is still under seventy if my memory is right. 3) It is not right for little ones to have more money than is necessary. 4) The weather is right for going out today. 5) The two daughters have equal rights to their father's property.

92. from

1）こどもがテーブルの下から飛び出てきた。2）この流れは山の麓の泉から出てくる。3）本州から北海道へ行く鉄道トンネルがある。4）もどるのは今から2年後です。5）牛乳は牛から得る。卵は鶏から得る。6）彼女は名門の出身です。7）こちらは本社の田中さんです。8）この食品は何から作るんですか。9）額に殴られた黒い跡があった。10）雪に反射する日光で目が痛かった。11）顔つきから彼が作り話をしているのがわかった。12）仕事から離れて海岸で休養している。13）この本は少しもおもしろくない。14）結婚なんてできる状態じゃない。

【練習問題】1) A worm came twisting from under the earth. 2) This current comes from a hollow halfway up the mountain. 3) He is from an old family in Tochigi. 4) She had a mark on the knee from a blow. 5) I am far from being ready to keep an animal friend.

93. to

1）看板が通りへ落下した。2）先生は生徒に背を向けて黒板に向かっていた。3）会社の行き帰りにこの本を読んじゃった。4）時計をさして「時間です」と先生は言った。5）日の出から日没まで働いた。6）今年家を建て増すつもりです。7）薄暗いところでレコードのジャズに合わせて踊っていた。8）そのホテルで泊まった部屋は私の趣味に合わなかった。9）通りは鉄道線路に平行している。10）彼女に対して300万円近く借金している。11）1フィートは12インチに等しい。12）あなたがざっとかいた地図が私にたいへん助けになった。

【練習問題】1) The teacher was at the window with his back to us. 2) I put away waste and sent a letter by post on my way to and back from the store. 3) I had an addition to my family last year. 4) They were dancing in poor light to the music by the band. 5) Put the table parallel to the chalkboard.

94. between

1）川は二つの国の間を流れている。2）二国間の戦争がついに終わった。3）池袋と川越の間にいくつ駅がありますか。4）その場所はここから東に5，6マイル先です。5）たった一つしかない骨をめぐって二匹の犬はけんかになった。6）7時と8時の間に夕食を食べます。7）三食の間に何も食べなければやせますよ。8）新しい橋を完成するのに3年から5年かかる。9）体温は通常35度と37度の間に保たれている。10）犯行現場から30歳から50歳くらいの男が立ち去るのが目撃された。11）緑と黄色の中間色のコートを着ていた。

【練習問題】1) The war between the two countries is still going on. 2) The station is between three and four kilometers to the west from here. 3) There was a fight between the two girls over the only one bit of cake. 4) Take nothing between regular meals and your beer will have a better taste. 5) He had on a hat of the color between blue and gray.

95. send

1）インドから友人何人かにはがきを送った。2）一週間前に彼女が出した手紙が昨日やっと私に届いた。3）この花は千葉から始発列車で送られた。4）子供に酒やタバコを買いに行かせるのはよくない。5）秘書に伝言を持たせて行かせます。6）母親は赤ん坊を寝かそうと子守歌を歌った。7）その悪い子は犬に石を投げつけた。8）長嶋が場外ホームランを飛ばした。9）戦争であらゆる物価が上がった。10）その子は悪いことをして退学させられた。11）大岩を崖から転がり落とした。12）突然娘が死んで彼は気が変になった。13）梅の花が四方によい香りを放っていた。

【練習問題】1) I sent copies of my book by parcel post to some of my friends. 2) I will send my secretary with papers for you. 3) The boys were sending stones across the river. 4) We sent the stem of a tree rolling down into the river. 5) The sudden death of her son sent her out of her mind.

96. direction

1）私たちはどうも間違った方角に進んでいるようだ。2）私たちの家はみんな同じ方角にあります。3）台風は時速 60 キロで北東に進んでいる。4）牧場の方向から悪臭が漂っていた。5）びんが床に落ちてガラスの破片を四方八方に飛び散らした。6）あなたは方向感覚がたいへん悪いようですね。7）親切な女性が駅への行き方をわかりやすく教えてくれた。8）その映画は河瀬の監督で製作された。9）あいつが俺に指示したんだ。俺はあいつに指示されてやっただけだ。10）袋に印刷されている使用法をごらんなさい。11）箱の中にカメラの使い方を書いた小さな薄い本が入っていた。

【練習問題】1) We seem to be going in the opposite direction. 2) Our houses are in different directions. 3) The train is going at 120 km an hour in the direction of southeast. 4) Will you give me directions to the police station? 5) In the box was a bit of paper giving directions for the use of the kettle.

97. cover

1）ほこりをよけるために機械にカバーをかけた。2）手で口をおおって咳をした。3）地球の表面の 4 分の 3 は水で覆われている。4）たんすの後ろの床はほこりで厚く覆われていた。5）何かゆでるときは鍋のふたを半開きにしなさい。6）棚の本には革表紙のものもあった。7）コンサートの切符を同封します。8）野原には太陽から隠れる場所がなかった。9）木が雨宿りの場所になった。10）茂った森が軍隊が砲撃を避ける場所になった。11）この家には火災保険がかけられています。12）店主は借金を重ねていたが夜逃げした。13）高い木の下で日をよけた。

【練習問題】1) I put a cover over the bag to keep it from rain. 2) She gave a sneeze covering her mouth with her hand. 3) The roof was thickly covered with dead leaves. 4) This house is not covered against earth-shocks. 5) We took cover from the rain under the edge of the roof.

98. do

1）老人は来る日も来る日もやることがない。2）明日は何をするつもり。ちょっと散歩するつもり。3）アイロンかけは自分でします。4）料理はよくしますか。5）母は繁華街に行くといつもたくさん買い物をする。6）うちの子ふとんの上げ下ろしは自分でします。7）床はぼくがやるから窓をやってくれる。8）外出する前に化粧した。9）父は毎週日曜日庭いじりをする。10）商売の方はいかがですか。いやー、いけませんね。11）歴史の試験でうまくやろうとけんめいに勉強した。12）きょうは1万円あれば間に合う。13）十人の会議ならこの部屋で間に合う。14）この箱、テーブルの代わりになるよ。

【練習問題】1) What will you do tonight? I will do some drinking naturally. 2) I will do the room. Will you do the cooking? 3) I do my teeth after every meal. 4) How are your family doing? Oh, very well. 5) This plastic board will do for a knife and a ruler.

99. have

1）彼は俳優のようにいい声をしている。2）母は80歳過ぎだがまだ物覚えがいい。3）電話番号を覚えているのが得意です。4）片手をポケットに入れもう一方をいすの背にのせていた。5）会社で20人の部下がいる。6）テーブルの表面にこすった跡がついている。7）池の真ん中に島がある。8）奥歯が痛くて眠れなかった。9）あの国ではひどい目にあった。もう行きたくない。10）普通6月にはたくさん雨が降る。11）山の頂上からの眺めはすばらしかった。12）ほとんどの人は毎日三食だ。13）彼女は腕時計をすばやく見た。

【練習問題】1) I have a very poor memory for persons' names. 2) The garden has a hollow in the middle of it. 3) I had a good time in that town. I have a desire to go there again. 4) I had a quick meal at the restaurant. 5) He had a good cry with his face down.

100. be

1）日が沈んだ。2）潮が引いている。3）風がやみ雨は上がった。4）一月で5キロ体重が増えた。5）この本を半分まで読んだ。6）仕事で2ヶ月留守にします。7）私が行ったとき加藤さんは家にいたが起きていなかった。8）鎌倉には何十回も行ったことがある。9）日光も箱根も行ったことがありません。ほんとですか。10）あら、床屋に行ってきたのね。11）今夜、映画にみんなで行ってきたところだ。12）あの女性は私の兄と結婚することになっている。やがて私の義理の姉になる。13）娘はやがて警察官になります。

【練習問題】1) The sun is up and the sea is in. 2) Summer is over and winter birds are back. 3) I will be away out of the heat for the summer. 4) I have been to the bank for some ready money. 5) My son is a medical man-to-be.

BASIC ENGLISH

OPERATIONS ETC.

100

COME
GET
GIVE
GO
KEEP
LET
MAKE
PUT
SEEM
TAKE
BE
DO
HAVE
SAY
SEE
SEND
MAY
WILL
ABOUT
ACROSS
AFTER
AGAINST
AMONG
AT
BEFORE
BETWEEN
BY
DOWN
FROM
IN
OFF
ON
OVER
THROUGH
TO
UNDER
UP
WITH
AS
FOR
OF
TILL
THAN
A
THE
ALL
ANY
EVERY
NO
OTHER
SOME
LITTLE
MUCH
SUCH
THAT
THIS
I
HE
YOU
WHO
AND
BECAUSE
BUT
OR
IF
THOUGH
WHILE
HOW
WHEN
WHERE
WHY
AGAIN
EVER
FAR
FORWARD
HERE
NEAR
NOW
OUT
STILL
THEN
THERE
TOGETHER
WELL
ALMOST
ENOUGH
EVEN
NOT
ONLY
QUITE
SO
VERY
TOMORROW
YESTERDAY
NORTH
SOUTH
EAST
WEST
PLEASE
YES

THINGS

400 General

ACCOUNT
ACT
ADDITION
ADJUSTMENT
ADVERTISEMENT
AGREEMENT
AIR
AMOUNT
AMUSEMENT
ANIMAL
ANSWER
APPARATUS
APPROVAL
ARGUMENT
ART
ATTACK
ATTEMPT
ATTENTION
ATTRACTION
AUTHORITY
BACK
BALANCE
BASE
BEHAVIOUR
BELIEF
BIRTH
BIT
BITE
BLOOD
BLOW
BODY
BRASS
BREAD
BREATH
BROTHER
BUILDING
BURN
BURST
BUSINESS
BUTTER
CANVAS
CARE
CAUSE
CHALK
CHANCE
CHANGE
CLOTH
COAL
COLOUR
COMFORT
COMMITTEE
COMPANY
COMPARISON
COMPETITION
CONDITION
CONNECTION
CONTROL
COOK
COPPER
COPY
CORK
COTTON
COUGH
COUNTRY
COVER
CRACK
CREDIT
CRIME
CRUSH
CRY
CURRENT
CURVE
DAMAGE
DANGER
DAUGHTER
DAY
DEATH
DEBT
DECISION
DEGREE
DESIGN
DESIRE
DESTRUCTION
DETAIL
DEVELOPMENT
DIGESTION
DIRECTION
DISCOVERY
DISCUSSION
DISEASE
DISGUST
DISTANCE
DISTRIBUTION
DIVISION
DOUBT
DRINK
DRIVING
DUST
EARTH
EDGE

EDUCATION
EFFECT
END
ERROR
EVENT
EXAMPLE
EXCHANGE
EXISTENCE
EXPANSION
EXPERIENCE
EXPERT
FACT
FALL
FAMILY
FATHER
FEAR
FEELING
FICTION
FIELD
FIGHT
FIRE
FLAME
FLIGHT
FLOWER
FOLD
FOOD
FORCE
FORM
FRIEND
FRONT
FRUIT
GLASS
GOLD
GOVERNMENT
GRAIN
GRASS
GRIP
GROUP
GROWTH
GUIDE
HARBOUR
HARMONY
HATE
HEARING
HEAT
HELP
HISTORY
HOLE
HOPE
HOUR
HUMOUR
ICE
IDEA
IMPULSE
INCREASE
INDUSTRY
INK
INSECT
INSTRUMENT
INSURANCE
INTEREST
INVENTION
IRON
JELLY
JOIN
JOURNEY
JUDGE
JUMP
KICK
KISS
KNOWLEDGE
LAND
LANGUAGE
LAUGH
LAW
LEAD
LEARNING
LEATHER
LETTER
LEVEL
LIFT
LIGHT
LIMIT
LINEN
LIQUID
LIST
LOOK
LOSS
LOVE
MACHINE
MAN
MANAGER
MARK
MARKET
MASS
MEAL
MEASURE
MEAT
MEETING
MEMORY

METAL
MIDDLE
MILK
MIND
MINE
MINUTE
MIST
MONEY
MONTH
MORNING
MOTHER
MOTION
MOUNTAIN
MOVE
MUSIC
NAME
NATION
NEED
NEWS
NIGHT
NOISE
NOTE
NUMBER
OBSERVATION
OFFER
OIL
OPERATION
OPINION
ORDER
ORGANIZATION
ORNAMENT
OWNER
PAGE
PAIN
PAINT
PAPER
PART
PASTE
PAYMENT
PEACE
PERSON
PLACE
PLANT
PLAY
PLEASURE
POINT
POISON
POLISH
PORTER
POSITION
POWDER
POWER
PRICE
PRINT
PROCESS
PRODUCE
PROFIT
PROPERTY
PROSE
PROTEST
PULL
PUNISHMENT
PURPOSE
PUSH
QUALITY
QUESTION
RAIN
RANGE
RATE
RAY
REACTION
READING
REASON
RECORD
REGRET
RELATION
RELIGION
REPRESENTATIVE
REQUEST
RESPECT
REST
REWARD
RHYTHM
RICE
RIVER
ROAD
ROLL
ROOM
RUB
RULE
RUN
SALT
SAND
SCALE
SCIENCE
SEA
SEAT
SECRETARY
SELECTION
SELF

SENSE
SERVANT
SEX
SHADE
SHAKE
SHAME
SHOCK
SIDE
SIGN
SILK
SILVER
SISTER
SIZE
SKY
SLEEP
SLIP
SLOPE
SMASH
SMELL
SMILE
SMOKE
SNEEZE
SNOW
SOAP
SOCIETY
SON
SONG
SORT
SOUND
SOUP
SPACE
STAGE
START
STATEMENT
STEAM
STEEL
STEP
STITCH
STONE
STOP
STORY
STRETCH
STRUCTURE
SUBSTANCE
SUGAR
SUGGESTION
SUMMER
SUPPORT
SURPRISE
SWIM
SYSTEM
TALK
TASTE
TAX
TEACHING
TENDENCY
TEST
THEORY
THING
THOUGHT
THUNDER
TIME
TIN
TOP
TOUCH
TRADE
TRANSPORT
TRICK
TROUBLE
TURN
TWIST
UNIT
USE
VALUE
VERSE
VESSEL
VIEW
VOICE
WALK
WAR
WASH
WASTE
WATER
WAVE
WAX
WAY
WEATHER
WEEK
WEIGHT
WIND
WINE
WINTER
WOMAN
WOOD
WOOL
WORD
WORK
WOUND
WRITING
YEAR

200 Pictured

ANGLE
ANT
APPLE
ARCH
ARM
ARMY
BABY
BAG
BALL
BAND
BASIN
BASKET
BATH
BED
BEE
BELL
BERRY
BIRD
BLADE
BOARD
BOAT
BONE
BOOK
BOOT
BOTTLE
BOX
BOY
BRAIN
BRAKE
BRANCH
BRICK
BRIDGE
BRUSH
BUCKET
BULB
BUTTON
CAKE
CAMERA
CARD
CARRIAGE
CART
CAT
CHAIN
CHEESE
CHEST
CHIN
CHURCH
CIRCLE
CLOCK
CLOUD
COAT
COLLAR
COMB
CORD
COW
CUP
CURTAIN
CUSHION
DOG
DOOR
DRAIN
DRAWER
DRESS
DROP
EAR
EGG
ENGINE
EYE
FACE
FARM
FEATHER
FINGER
FISH
FLAG
FLOOR
FLY
FOOT
FORK
FOWL
FRAME
GARDEN
GIRL
GLOVE
GOAT
GUN
HAIR
HAMMER
HAND
HAT
HEAD
HEART
HOOK
HORN
HORSE
HOSPITAL
HOUSE
ISLAND
JEWEL
KETTLE
KEY

KNEE
KNIFE
KNOT
LEAF
LEG
LIBRARY
LINE
LIP
LOCK
MAP
MATCH
MONKEY
MOON
MOUTH
MUSCLE
NAIL
NECK
NEEDLE
NERVE
NET
NOSE
NUT
OFFICE
ORANGE
OVEN
PARCEL
PEN
PENCIL
PICTURE
PIG
PIN
PIPE
PLANE
PLATE
PLOUGH
POCKET
POT
POTATO
PRISON
PUMP
RAIL
RAT
RECEIPT
RING
ROD
ROOF
ROOT
SAIL
SCHOOL
SCISSORS
SCREW
SEED
SHEEP
SHELF
SHIP
SHIRT
SHOE
SKIN
SKIRT
SNAKE
SOCK
SPADE
SPONGE
SPOON
SPRING
SQUARE
STAMP
STAR
STATION
STEM
STICK
STOCKING
STOMACH
STORE
STREET
SUN
TABLE
TAIL
THREAD
THROAT
THUMB
TICKET
TOE
TONGUE
TOOTH
TOWN
TRAIN
TRAY
TREE
TROUSERS
UMBRELLA
WALL
WATCH
WHEEL
WHIP
WHISTLE
WINDOW
WING
WIRE
WORM

QUALITIES

100 General

ABLE
ACID
ANGRY
AUTOMATIC
BEAUTIFUL
BLACK
BOILING
BRIGHT
BROKEN
BROWN
CHEAP
CHEMICAL
CHIEF
CLEAN
CLEAR
COMMON
COMPLEX
CONSCIOUS
CUT
DEEP
DEPENDENT
EARLY
ELASTIC
ELECTRIC
EQUAL
FAT
FERTILE
FIRST
FIXED
FLAT
FREE
FREQUENT
FULL
GENERAL
GOOD
GREAT
GREY
HANGING
HAPPY
HARD
HEALTHY
HIGH
HOLLOW
IMPORTANT
KIND
LIKE
LIVING
LONG
MALE
MARRIED
MATERIAL
MEDICAL
MILITARY
NATURAL
NECESSARY
NEW
NORMAL
OPEN
PARALLEL
PAST
PHYSICAL
POLITICAL
POOR
POSSIBLE
PRESENT
PRIVATE
PROBABLE
QUICK
QUIET
READY
RED
REGULAR
RESPONSIBLE
RIGHT
ROUND
SAME
SECOND
SEPARATE
SERIOUS
SHARP
SMOOTH
STICKY
STIFF
STRAIGHT
STRONG
SUDDEN
SWEET
TALL
THICK
TIGHT
TIRED
TRUE
VIOLENT
WAITING
WARM
WET
WIDE
WISE
YELLOW
YOUNG

50 Opposites

AWAKE
BAD
BENT
BITTER
BLUE
CERTAIN
COLD
COMPLETE
CRUEL
DARK
DEAD
DEAR
DELICATE
DIFFERENT
DIRTY
DRY
FALSE
FEEBLE
FEMALE
FOOLISH
FUTURE
GREEN
ILL
LAST
LATE
LEFT
LOOSE
LOUD
LOW
MIXED
NARROW
OLD
OPPOSITE
PUBLIC
ROUGH
SAD
SAFE
SECRET
SHORT
SHUT
SIMPLE
SLOW
SMALL
SOFT
SOLID
SPECIAL
STRANGE
THIN
WHITE
WRONG

NO 'VERBS'

IT IS POSSIBLE TO GET ALL THESE WORDS ON THE BACK OF A BIT OF NOTEPAPER BECAUSE THERE ARE NO 'VERBS' IN BASIC ENGLISH

A WEEK OR TWO WITH THE RULES AND THE SPECIAL RECORDS GIVES COMPLETE KNOWLEDGE OF THE SYSTEM FOR READING OR WRITING

EXAMPLES OF WORD ORDER

THE CAMERA MAN WHO MADE AN ATTEMPT TO TAKE A MOVING PICTURE OF THE SOCIETY WOMEN BEFORE THEY GOT THEIR HATS OFF DID NOT GET OFF THE SHIP TILL HE WAS QUESTIONED BY THE POLICE

WE WILL GIVE SIMPLE RULES TO YOU NOW

RULES

ADDITION OF 'S' TO THINGS WHEN THERE IS MORE THAN ONE

FORMS ENDING IN 'ER,' 'ING,' 'ED' FROM 300 NAMES OF THINGS

'LY' FORMS FROM QUALITIES

DEGREE WITH 'MORE' AND 'MOST'

QUESTIONS BY CHANGE OF ORDER, AND 'DO'

FORM-CHANGES IN NAMES OF ACTS, AND 'THAT,' 'THIS,' 'I,' 'HE,' 'YOU,' 'WHO,' AS IN NORMAL ENGLISH

MEASURES NUMBERS DAYS, MONTHS AND THE INTERNATIONAL WORDS IN ENGLISH FORM

THE ORTHOLOGICAL INSTITUTE LONDON

著者紹介

新井　等（あらい　ひとし）

GDM会員、ベーシック・イングリッシュ会員としてGDMによる授業とベーシックの普及に長年、取り組んでいます。旧著『GDMワークブック2005』（2005年）、『500 Pictures for GDM Teachers to Copy』（2016年）は多くの先生に利用されています。現在、東京・新宿でベーシック・イングリッシュの会を主宰しています。

まずベーシック100語から

2023年6月30日　初版第1刷発行

著　者　　新井 等
発行者　　横山 哲彌
印刷　　岩岡印刷株式会社

発行所　大阪教育図書株式会社
〒530-0055　大阪市北区野崎町1-25
TEL 06-6361-5936　FAX 06-6361-5819
振替 00940-1-115500

ISBN978-4-271-41030-0 C3082　落丁・乱丁本はお取り替え致します。